"文化共识与民族复兴"系列丛书

民族精神与中华民族伟大复兴

王浩 著

广西师范大学出版社
·桂林·

图书在版编目（CIP）数据

民族精神与中华民族伟大复兴 / 王浩著. -- 桂林：广西师范大学出版社，2024.1
（"文化共识与民族复兴"系列丛书）
ISBN 978-7-5598-6672-1

Ⅰ. ①民… Ⅱ. ①王… Ⅲ. ①中华民族－民族精神－研究②中国特色社会主义－社会主义建设模式－研究 Ⅳ. ①C955.2②D616

中国国家版本馆 CIP 数据核字（2023）第 237239 号

广西师范大学出版社出版发行
（广西桂林市五里店路9号 邮政编码：541004
 网址：http://www.bbtpress.com ）
出版人：黄轩庄
全国新华书店经销
广西广大印务有限责任公司印刷
（桂林市临桂区秧塘工业园西城大道北侧广西师范大学出版社集团有限公司创意产业园内 邮政编码：541199）
开本：880 mm × 1 240 mm 1/32
印张：5.625 字数：140 千
2024 年 1 月第 1 版 2024 年 1 月第 1 次印刷
定价：59.00 元
如发现印装质量问题，影响阅读，请与出版社发行部门联系调换。

前　言

在漫长的社会历史发展过程中，中国人民培育、继承、发展了伟大的民族精神。民族精神作为中华民族生活方式、价值观念的文化浓缩，是中华文化最本质、最集中的体现，也是中华民族赖以生存和发展的精神纽带、价值支撑和强大动力。

一个民族的复兴需要强大的物质力量，也需要强大的精神力量。人无精神则不立，国无精神则不强。精神是一个人的立身之本，是一个民族、一个国家生存和发展的力量之源。2018年3月20日，习近平总书记在第十三届全国人民代表大会第一次会议上发表重要讲话，深情礼赞中国人民，并对中华民族精神作了高度凝练与清晰阐发，历久弥新的中华民族精神涵括"四种伟大精神"，即伟大创造精神、伟大奋斗精神、伟大团结精神和伟大梦想精神。中华民族伟大复兴离不开中华文化自信的力量，离不开中华民族精神的支撑。2023年10月27日，习近平总书记在主持中共中央政治局第九次集体学习时强调，要大力弘扬以爱国主义为核心的民族精神、以改革创新为核心的时代精神，不断增强对中华民族的认同感和自豪感，振奋各族人民奋进新征程、建功新时代的精气神。

民族精神被该民族的绝大多数成员所感知、体认、理解和信奉，为本民族成员共同拥有、广泛认可，是民族认同和情感归属的本源。正是民族精神的这一特性，使它千百年来成为一条牢固的情感纽带，虽然看不见摸不着，但又超越时空，日用而不知，真真切切地存在于不同地域、职业、性别与年龄的人们心中，将本民族成员牢牢地维系、凝聚在一起，成为他们奋发进取的强大力量。

勤劳质朴、崇礼亲仁的农耕文明，热烈奔放、勇猛刚健的草原文明，海纳百川、敢拼会赢的海洋文明，在长期的交流互鉴中走向融合，共同熔铸了以爱国主义为核心的民族精神。民族精神深深根植于连绵数千年的中华优秀传统文化，成为中华民族的精神家园和中华民族之魂，始终是维系中华各族人民共同生活、团结奋斗的精神纽带，是中华民族牢不可破、坚不可摧的精神保障，也是中华民族生存、发展、进步的强大精神动力。

新时代赋予民族精神以新的科学内涵，深刻理解、准确把握、大力弘扬民族精神，对于提振全民族的精气神、全面建设社会主义现代化国家、以中国式现代化全面推进中华民族伟大复兴，具有重要的历史意义和现实意义。在中国特色社会主义新时代，只要我们继续弘扬革故鼎新的伟大创造精神、自强不息的伟大奋斗精神、同舟共济伟大团结精神和不懈追求的伟大梦想精神，就一定能够凝聚起14亿多中华儿女团结奋斗的磅礴伟力，推动中华巨轮乘风破浪，勇毅前行，实现中华民族伟大复兴的中国梦。

王　浩
2023年11月于广州

目　录

第一章
民族精神：中华民族奋勇前行的不竭动力 1

一、何谓民族精神？ 2
　　（一）"民族精神"文本概念的缘起 2
　　（二）国人对于"民族精神"的早期关注 4
　　（三）对于民族精神的三种界定 6
二、新时代赋予民族精神新的科学内涵 7
三、民族精神与中国精神、时代精神 10
　　（一）民族精神：中国精神的历史之维 11
　　（二）时代精神：中国精神的时代之维 13
四、新时代弘扬民族精神的重要意义 14
　　（一）民族精神为中国发展催生强大的精神动力 15

（二）民族精神为中国发展提供强大的精神引力 15
　　（三）民族精神为中国发展汇聚强大的精神合力 16

第二章
革故鼎新的伟大创造精神 18

一、伟大创造精神的核心要义 19
　　（一）辛勤劳作 19
　　（二）精炼工艺 22
　　（三）敢为人先 24
　　（四）勇于创新 25

二、伟大创造精神的历史底蕴 26
　　（一）开创了"大一统"的国家治理模式 27
　　（二）产生了影响深远的伟大科技成果 31
　　（三）建造了闻名于世的多项重大工程 33
　　（四）产生了灿若群星的人文思想巨匠 34

三、伟大创造精神的百年实践 38
　　（一）创造了新民主主义革命的伟大成就 39
　　（二）创造了社会主义革命和建设的伟大成就 44
　　（三）创造了改革开放和社会主义现代化建设的伟大成就 ... 46
　　（四）创造了中国特色社会主义新时代的伟大成就 49

第三章
自强不息的伟大奋斗精神 53

一、伟大奋斗精神的核心要义 54
    （一）宝贵的牺牲精神 55
    （二）强烈的担当意识 60
    （三）坚韧的意志品质 62

二、伟大奋斗精神的历史底蕴 64
    （一）神农尝百草的牺牲精神 65
    （二）愚公移山的奉献精神 67
    （三）精卫填海的抗争精神 70

三、伟大奋斗精神的百年实践 72
    （一）奋勇抗争：开启了中国发展的新纪元 73
    （二）奋勇开拓：开创了中国发展的新阶段 78
    （三）奋勇探索：开辟了中国发展的新道路 81
    （四）奋勇前行：开始了中国发展的新征程 84

第四章
同舟共济的伟大团结精神 87

一、伟大团结精神的核心要义 88
    （一）以国为家的家国情怀 89
    （二）合强孤弱的价值理念 90
    （三）协和万邦的天下秩序 92

二、伟大团结精神的历史底蕴 ………………………………… 95
　　（一）同根同源的血脉深情 ………………………………… 95
　　（二）同域同流的地理环境 ………………………………… 98
　　（三）同向同行的发展历程 ……………………………… 102
三、伟大团结精神的百年实践 ……………………………… 105
　　（一）万众一心：各族人民共同缔造新中国 …………… 105
　　（二）合力齐心：各族人民共同奋进新时代 …………… 109

第五章
不懈追求的伟大梦想精神 …………………………… 115

一、伟大梦想精神的核心要义 ……………………………… 116
　　（一）敢于有梦的立梦精神 ……………………………… 116
　　（二）勇于进取的追梦精神 ……………………………… 118
　　（三）勤于开拓的圆梦精神 ……………………………… 120
二、伟大梦想精神的历史底蕴 ……………………………… 122
　　（一）嫦娥奔月的飞天之梦 ……………………………… 122
　　（二）古代先民的小康之梦 ……………………………… 125
　　（三）近代志士的复兴之梦 ……………………………… 127
三、伟大梦想精神的百年实践 ……………………………… 134
　　（一）浴血奋战：民族独立梦想的顽强抗争 …………… 134
　　（二）锐意进取：民族富强梦想的艰辛探索 …………… 137
　　（三）自信自强：民族复兴梦想的光明前景 …………… 141

第六章
在弘扬民族精神中砥砺前行 ………………………………… 144

一、争做创造者，在改革创新中开拓前行 …………………… 145
  （一）善于继承 ……………………………………………… 146
  （二）精于实干 ……………………………………………… 148
  （三）勇于担当 ……………………………………………… 150

二、争做奋斗者，在攻坚克难中勇毅前行 …………………… 151
  （一）树立奋斗志向 ………………………………………… 152
  （二）提升奋斗本领 ………………………………………… 153
  （三）保持奋斗姿态 ………………………………………… 155

三、争做团结者，在凝心聚力中携手前行 …………………… 156
  （一）巩固各民族的大团结 ………………………………… 156
  （二）增强全国人民的大团结 ……………………………… 158
  （三）发展全体中华儿女的大团结 ………………………… 159

四、争做追梦者，在不忘初心中逐梦前行 …………………… 160
  （一）始终把人民放在最高位置 …………………………… 161
  （二）充分发挥共产党员的先锋模范作用 ………………… 162

主要参考书目 …………………………………………………… 165
后　记 …………………………………………………………… 169

第一章
民族精神：中华民族奋勇前行的不竭动力

　　一个民族的复兴需要强大的物质力量，也需要强大的精神力量。没有先进文化的积极引领，没有人民精神世界的极大丰富，没有民族精神力量的不断增强，一个国家、一个民族不可能屹立于世界民族之林。……当高楼大厦在我国大地上遍地林立时，中华民族精神的大厦也应该巍然耸立。

　　——2014年10月15日，习近平在文艺工作座谈会上的重要讲话

　　源远流长的中华文明，培育了中华民族宝贵的精神品格和崇高的价值追求。中华民族之所以数千年来屹立于世界民族之林，薪火相传、生生不息，最根本的原因之一，乃在于深深植根于民族基因的自强不息、厚德载物等精神品格和价值追求。2018年3月20日，习近平总书记在第十三届全国人民代表大会第一次会议上的重要讲话中指出，中国人民是具有伟大创造精神、伟大奋斗精神、伟大团结精神和伟大梦想精神的人民。"中国人民在长期奋斗中培育、继承、发展起来的

伟大民族精神,为中国发展和人类文明进步提供了强大精神动力。"①深刻理解、准确把握、大力弘扬中华民族精神,对于全面建设社会主义现代化国家、实现第二个百年奋斗目标和中华民族伟大复兴,具有深远的历史意义和重要的现实意义。

一、何谓民族精神?

每个民族都具有一定内涵、品格和特质的精神世界,这些品格和特质,构成了该民族的民族精神。作为民族历史的一面镜子,民族精神既是个人精神的融合与升华,也是个人精神的民族化与国家化。

(一)"民族精神"文本概念的缘起

"民族精神"是随着欧洲近代国家的形成和民族主义兴起而提出的范畴,是由西方学者最早提出的一个近现代概念。"民族精神"的概念,产生于18世纪德意志文化民族主义思潮。由于法兰西文化的大规模涌入,德意志知识分子感到民族认同与民族自尊受到外来文化的巨大挑战。他们提出"民族精神"的概念,以期从德意志的历史、民间艺术和文学等方面,探寻德意志民族的精神源泉,从而捍卫本民族的固有文化,表明其民族的优越性。孟德斯鸠(18世纪法国哲学家)在《论法的精神》一书中指出:"人类受多种事物的支配,就是:气候、宗教、法律、施政准则、先例、风俗习惯。结果就在这里形成了一种一般的精神。"②此处提到的"一般的精神",指涉的就是"一个民

---

① 习近平:《在第十三届全国人民代表大会第一次会议上的讲话》,http://www.xinhuanet.com/politics/2018—03/20/c_1122566452.htm,2018年3月20日。

② [法]孟德斯鸠:《论法的精神(上册)》,张雁深译,商务印书馆1961年版,第305页。

族的一般精神",尽管民族精神的内涵尚不明确,但其思想已然直指民族精神的内核。

稍后的德国哲学家赫尔德在思想和学术意义上真正提出了民族精神的概念,赫尔德对民族精神的最早表述是:一个民族的文化表现了该民族的共同精神和天赋。之后,法学家萨维尼将"民族的共同精神和天赋"用德语表述为"Volksgeist",即"民族精神"。具体来讲,赫尔德认为民族精神是一个国家、民族历史演进中的核心要素,生活在一个特殊团体中的人,由于他们的地理条件、种族、历史传统相同,彼此享有共同的语言、制度、文学艺术和教育方式,由此形成了代代相传的集体精神,这种集体精神就是民族精神。[1] 赫尔德认为,每个民族都有各自发展的权利,在人类大花园中,所有的花卉都能和谐生长,各种文化之间相互影响,相互激励,"每一种文明都有自己独特的精神——它的民族精神。这种精神创造一切,理解一切"[2]。

德国古典哲学的集大成者黑格尔认为,世界历史的每一个阶段都是不同的,都有它"特殊的原则",这种原则就是精神的特性,即一种特别的"民族精神"。一个民族的宗教、政体、风俗、伦理,甚至科学、艺术以及机械技术,都带有民族精神的印记。[3] 由此可见,这种民族印记使得同一民族中的每个人的交往互通成为可能,由于使用同样的民族语言、拥有共同的价值观念,当人们在民族危亡关头时,更容易形成休戚与共的一体感,继而通过民族意识的共通感而凝聚为

---

[1] 参见王希恩《关于民族精神的几点分析》,《民族研究》,2003年第4期。
[2] 于海:《西方社会思想史》,复旦大学出版社2005年版,第151—152页。
[3] 参见[德]黑格尔《历史哲学》,王造时译,上海书店出版社1999年版,第66—67页。

一体。这种超越个人的民族精神，既是一个民族赖以生存和发展的本质所在，也是该民族集体人格和精神风貌的集中体现，它不仅反映了人们生命活动的性质和向度，也使人们因为共有的历史记忆，而产生共同的情感寄托。

民族精神与该民族的整个历史相伴随，与该民族共存亡。民族精神是一个动态的系统，具有与时俱进的特点：从哲学的视角看，政治、经济、文化等因素的综合作用，是推动民族精神变化的深层原因；从民族的视角看，每个民族是体现该民族精神的主体；从历史的视角看，民族精神要借助固有精神资源与时代精神、未来精神的碰撞，经过纵向和横向的比较、选择，才能发生现实的作用。

（二）国人对于"民族精神"的早期关注

中华民族精神是五千年中华文明古国的精神家园，因其强烈的历史传承性和民族包容性，而形成了厚重的心理积淀。尽管中华优秀传统文化之中，一直存在着民族精神这样一种自在的情感和心理样态，但在20世纪以前，人们更多地使用"国性""国魂""中国魂"等词语，以指涉中国的"民族精神"，而绝少使用"民族精神"一词。

"民族精神"这一概念的出现，是近代以来随着西学东渐以及在深重的民族危机压力下，从梁启超的类似民族意识的观念，到孙中山的民族主义观念，两者逐渐结合中华民族的意识觉醒和自我认同，而形成的有关"民族精神"的思考。在传统学术的经学和史学研究中，未见有专门论述民族精神的论者，民族精神往往散见于天人关系、家国观念、人际伦理等具体精神内容。如《尚书·泰誓上》的"惟人万物之灵"，《中庸》的"唯天下至诚……能尽物之性，则可以赞天地之化育，可以赞天地之化育，则可以与天地参矣"，《论语》的"士不可以不弘毅,任重而道远",《史记》的"究天人之际,通古今之变,成一家之言",各路史家的"殷鉴不远""鉴往而知未来"等思想,都折射出民族精神的光芒。

国人关注"民族精神"的最早文字,出现于1899年梁启超发表的《中国魂安在乎》一文。此后,梁启超在不同的语境下,使用"国民之元气""国民之特性""国民之精神""中国武士道""民族的活精神""根本之精神""独立之精神"等诸多概念,来指代中国的民族精神。实际上,梁启超所言的"国民之精神""国性",指的是一个民族在漫长而共同的社会生活实践中所逐渐形成和积淀的民族性格,是一个民族自立于世界民族之林的本性,亦即民族精神。1902年,梁启超在《新民说》一文中指出:"凡一国之能立于世界,必有其国民独具之特质。上至道德法律,下至风俗习惯、文学美术,皆有一种独立之精神,祖父传之,子孙继之,然后群乃积,国乃成。"[①] 梁启超该文中谈及的"国民独具之特质",已经非常接近民族精神的要义,透过这些"国民独具之特质",可以清楚地看出一个民族的精神品格、意志品质、审美观念和风俗习惯,可以清晰地折射出该民族的精神。

1904年,留日学生刊物《江苏》发表了一篇佚名的文章《民族精神论》,作者在文中谈道:"民族之倏而盛倏而衰,回环反复兴废靡常者,皆其精神之强弱为之也。"[②] 这是国人首次将"民族""精神"两个词语联系在一起,由此开创了国人研究民族精神的先河。

[①] 梁启超:《饮冰室文集点校》,云南教育出版社2001年版,第216页。
[②] 转引自郑师渠、史革新主编《历史视野下的中华民族精神》,广东人民出版社2014年版,第7页。

（三）对于民族精神的三种界定

关于民族精神的界定问题，目前国内学者大致有以下三种看法。一是从积极的、进步的角度界定民族精神。认为真正的民族精神，是一个民族赖以生存和发展的进步观念、精粹思想和优秀文化，应该体现民族的根本利益和社会的发展方向，不宜包括中性意义上民族精神中消极的、落后的成分。著名哲学家张岱年先生就是这种看法的代表，他认为，民族精神应具备两个条件："一是有广泛的影响，二是能激励人们前进，有促进社会发展的作用。"[①] 二是将"民族精神"界定为中性概念，认为民族精神反映了一个民族的整体精神风貌，其中既包含进步的、优秀的成分，也包含落后的、消极的一面。三是主张采用具体场合具体分析的方法，认为如果作为客观的研究对象，应将民族精神视为精华与糟粕的共同体；而如果作为正面的宣传对象，则仅指民族精神中优秀的、精华的部分。

笔者倾向于第一种观点，须知，尽管"民族精神"和"民族的精神"有着内在联系，但两者是不同的概念，在内涵和外延上都存在明显差异。"民族的精神"（又称"民族意识"）含义极为广泛，泛指一切与民族有关的精神现象，民族文化、民族心理、民族情绪、民族性（国民性）等，都属于"民族的精神"范畴；当我们在研究"民族的精神"时，更多地属于事实判断。而"民族精神"是一个专有名词，含义较为单一，具有特定指向，仅指"民族的精神"中积极向上的部分，不应包括消极落后的成分，因而能够激发一个民族的自豪感、自信心和凝聚力；当我们在研究"民族精神"时，固然属于事实判断，

---

① 张岱年：《文化与哲学》，教育科学出版社1988年版，第73页。

但更多地属于价值判断。

二、新时代赋予民族精神新的科学内涵

对于古今中外民族精神的研究成果,中国共产党人在科学借鉴的基础上,进行了马克思主义的批判改造,认为民族精神集中体现了中华民族特有的民族意识和民族禀赋,是中华民族安身立命的精神支撑,是中华民族凝聚力和向心力的重要来源,也是国家文化软实力的核心内容。[①] 在几千年的发展进程中,中华民族逐渐形成了区别于其他民族的鲜明特质,这些历久弥坚的鲜明特质,对全民族具有高度的团结力和影响力。对于中华民族来说,民族精神具有"灵魂"的意义。[②]

我们认为,民族精神是一个民族在长期的共同生活和实践中,逐步形成和培育起来的,经由特定社会行为方式表现出来的思想观念、价值信念与心理特征的总和。民族精神作为一种特定的文化现象,"是一个民族共同的思想品格、价值取向和道德规范的综合体现,是被高度综合和概括了的一个民族的共同的精神品质和风貌"。[③] 民族精神被该民族的绝大多数成员感知、体认、理解和信奉,为本民族成员共同拥有、广泛认可,是民族认同和情感归属的本源所在。正是民族精神的这一特性,使它千百年来成为一条牢固的情感纽带,虽然看不见摸

---

① 参见王泽应《中国共产党人对中华民族精神的创造性阐释和创新性发展》,《求索》,2021年第4期,第15—23页。
② 参见郑师渠、史革新主编《历史视野下的中华民族精神》,广东人民出版社2014年版,第7页。
③ 欧阳康主编:《民族精神:精神家园的内核》,黑龙江教育出版社2010年版,第8页。

不着，但又超越时空，日用而不知，真真切切地存在于不同地域、职业、性别与年龄的人们心中，将本民族成员牢牢地维系、凝聚在一起，成为他们奋发进取的强大力量。

伟大的民族精神，产生于伟大的中国人民，孕育于悠久的民族历史，熔铸于艰辛的奋进历程。源远流长的中国历史和博大精深的中华文化，如同一座老窖，在漫漫岁月中，将民族精神酝酿为醇厚纯净、韵味无穷的佳品。

2002年11月，党的十六大报告指出："民族精神是一个民族赖以生存和发展的精神支撑。一个民族，没有振奋的精神和高尚的品格，不可能自立于世界民族之林。在五千多年的发展中，中华民族形成了以爱国主义为核心的团结统一、爱好和平、勤劳勇敢、自强不息的伟大民族精神。"[1] 在党的全国代表大会上，这是第一次正式提出民族精神的问题，掀起了全社会对于民族精神的高度关注和研究热潮。

2018年3月20日，习近平总书记在第十三届全国人民代表大会第一次会议上的重要讲话中指出："中国人民的特质、禀赋不仅铸就了绵延几千年发展至今的中华文明，而且深刻影响着当代中国发展进步，深刻影响着当代中国人的精神世界。中国人民在长期奋斗中培育、继承、发展起来的伟大民族精神，为中国发展和人类文明进步提供了强大精神动力。"并继而强调："有这样伟大的人民，有这样伟大的民族，有这样的伟大民族精神，是我们的骄傲，是我们坚定中国特色社会主义道路自信、理论自信、制度自信、文化自信的底气，也是我们风雨

---

[1] 江泽民：《全面建设小康社会，开创中国特色社会主义事业新局面（7）》，http://www.chinanews.com.cn/2002－11－17/26/244518.html，2002年11月17日。

无阻、高歌行进的根本力量!"① 在十三届全国人大一次会议上的重要讲话中,习近平总书记指出,中国人民是具有伟大创造精神、伟大奋斗精神、伟大团结精神、伟大梦想精神的人民,并分别加以详细阐述。"创造""奋斗""团结""梦想"四个关键词,精准概括、深刻阐释了民族精神的核心要义,赋予了民族精神新的时代内涵。

民族精神不是一朝一夕形成的,它深深地渗透于中华民族的文化生活,积淀于中华民族的集体意识,具有一定的持久性、稳定性。但民族精神毕竟是特定的政治、经济、文化等历史条件的产物,并非从古至今一成不变,而是不断发展的。随着历史条件的变化,民族精神在得到考验和锤炼的同时,也会增加新的成分。

关于民族精神传承的必然性,黑格尔在《历史哲学》中进行了阐述:一个民族必须接受一些新的东西,而这种新的东西是从哪里产生的呢?这种新的东西一定是比原有精神内容更为高等、更加博大的东西,通过对自身的扬弃,生成新的价值原则和精神内涵。这些新的内容,将渗透到已经得到充分发展和自我实现的民族精神中②。民族精神在其发展演变过程中,必然随着历史进步和时代变迁,出现不适应的状况,需要根据时代条件的发展变化,进行必要的调整,通过适应-不适应-调整-适应的革新与再造,以新的面貌适应新的变化,实现新的平衡,从而超越原有的文化精神。③

中华民族精神在不断丰富的同时,在不同的历史发展阶段不断彰

---

① 习近平:《在第十三届全国人民代表大会第一次会议上的讲话》,http://www.xinhuanet.com/politics/2018-03/20/c_1122566452.htm,2018年3月20日。

② 参见[德]黑格尔《历史哲学》,王造时译,上海书店出版社1999年版,第79页。

③ 参见张瑞涛、陈晨《论新时代传承和弘扬中华民族伟大民族精神的基本原则》,《贵州民族研究》,2021年第5期,第102—109页。

显出巨大的精神力量和广泛的社会影响。儒学典籍、经传注疏、历代史书、诸子文集、蒙学读物等各种形式和体裁的著述，都成为汇聚、记载、保存、流传民族精神的有效载体。古代中华民族精神源于历史经验的深刻总结，经由社会实践的检验、充实和各种文本的提炼、传播，经过长期的比较选择和反复的取舍积淀，逐渐明晰起来，并潜移默化地刻录于中华民族的集体人格之中。

三、民族精神与中国精神、时代精神

党的十八大以来，以习近平同志为核心的党中央高度重视党自身、国家和民族的精神建设，创造性地提出了构筑中国精神，把民族精神的重要性提到了新的高度。2013 年 3 月 17 日，习近平总书记在第十二届全国人民代表大会第一次会议上指出："实现中国梦必须弘扬中国精神。这就是以爱国主义为核心的民族精神，以改革创新为核心的时代精神。这种精神是凝心聚力的兴国之魂、强国之魂。爱国主义始终是把中华民族坚强团结在一起的精神力量，改革创新始终是鞭策我们在改革开放中与时俱进的精神力量。"① 可见，中国精神、民族精神、时代精神是三个既有区别而又紧密联系的概念。民族精神和时代精神，统称为中国精神；民族精神、时代精神分别构成了中国精神的历史之维、时代之维。

关于中国精神，我们可以从以下两个方面来理解。一方面，在其客观存在的形态上，中国精神、民族精神和时代精神是同一的。无论

---

① 习近平：《在第十二届全国人民代表大会第一次会议上的讲话》，http://www.xinhuanet.com/2013lh/2013 — 03/17/c_115055434.htm，2013 年 3 月 17 日。

是中国精神还是民族精神，都不是一种独立的存在，而总是蕴涵于每一历史阶段的时代精神之中，并通过时代精神而得以体现。一个民族的精神，绝非一成不变，而是处在不断流变的过程中，并通过不同历史阶段的时代精神而得以彰显。

另一方面，在其理论抽象的形态上，中国精神、民族精神与时代精神又是有差别的。时代精神是一个民族在各个不同历史阶段的精神的抽象，它带有其时代的特质，因而是一种特别的"民族精神"。而民族精神则是从各个不同历史阶段的时代精神中进一步凝练出来的带有普遍性或共性的东西，它如同一个民族精神发展中相对稳定的基因。中国精神则是民族精神和时代精神的统一，是"变"与"常"的结合，它以扬弃的形式包含了民族精神和时代精神，是对一个民族的精神的最高抽象。

中国精神的立足点、着眼点、归宿点在当代而不是古代，历史的、变动着的中国精神是面向未来、面向世界的。因而，必然要在自我扬弃的基础上，对一切有利于自身发展的东西进行积极的吸纳和借鉴、创造和建构。

在新的历史方位，辩证认识民族精神与中国精神、时代精神之间的关系，对于提振全民族的精气神，走好全面建设社会主义现代化国家新征程，全面推进中华民族伟大复兴具有重要意义。

（一）民族精神：中国精神的历史之维

民族精神是一个民族薪火相传、生生不息的文化种子，也是一个民族生存繁衍、发展壮大的精神源头。一个缺乏民族精神的民族，很难想象能够自立于世界民族之林。在几千年的发展历程中，中华民族形成和培育了以爱国主义为核心的民族精神：中国人民敢为人先、辛勤劳作，创造了极其辉煌的物质文明和极其灿烂的精神文明；中国人民自强不息、奋力拼搏，开发了广袤的大好河山，战胜了无数的自然灾害，书写了一部艰辛而伟大的拼搏奋斗史；中国人民同舟共济、同气连枝，构建了团结统一的多民族国家，形成了守望相助的中华民族大家庭；中国人民敢于有梦、执着追梦，书写了无限美好的社会理想，体现了难能可贵的天下情怀。

伟大创造精神、伟大奋斗精神、伟大团结精神和伟大梦想精神，是一代代中华各族儿女共同培育、继承和发展起来的，植根于中华民族几千年的历史长河和文化传统。黑格尔曾在《哲学史演讲录》中提道："传统并不仅仅是一个管家婆，只是把它所接受过来的忠实地保存着，然后毫不改变地保持着并传给后代。它不像自然的过程那样，在它的形态和形式的无限变化和活动里，永远保持着其原始的规律，没有进步。这种传统并不是一尊不动的石像，而是生命洋溢的，有如一道洪流，离开它的源头愈远，它就膨胀得愈大。"[①] 可以说，民族精神这道洪流，穿越中华文明五千年的历史河床，在不舍昼夜、滚滚向前的长途跋涉中，不断从流淌过的河床上带走不同的泥沙，融入新的力量。这道洪流穿过悠长的时空，来自古老的源头，却又不断注入时代的活水，常流常新，成为中华民族高贵的精神品格与崇高的价值追求。

每个民族都有其独有的精神特质。在漫长的历史进程中，中华民族形成了革故鼎新、敢为人先、自强不息、勤劳勇敢、团结统一、贵和尚中、胸怀天下、执着追梦等区别于其他民族的鲜明的精神特质，这些蕴含于中华民族心灵最深处的精神基因，即民族精神。尽管民族

---

① 黑格尔：《哲学史讲演录（第一卷）》，贺麟、王太庆译，商务印书馆1959年版，第8页。

精神并非一成不变,但相较于时代精神,民族精神更加稳定、更加深沉、更加恒久,具有更多"常"的性质。

(二)时代精神:中国精神的时代之维

每一个时代,都有其特定的使命,也有其特定的精神。作为一个时代的人们所体现出来的整体精神风貌和优良精神品质,时代精神是这个时代社会发展方向的生动体现,是衡量一个国家文明程度的重要标准,也是引领时代进步潮流的精神坐标。

中华人民共和国成立之后,中国共产党团结带领中国人民投身社会主义革命、建设和改革,形塑了一系列具有鲜明时代特色的时代精神。从时间跨度看,先后形塑的"两弹一星"精神、雷锋精神、大庆精神(铁人精神)、西迁精神、改革开放精神、特区精神、载人航天精神、女排精神、脱贫攻坚精神、科学家精神、企业家精神、新时代北斗精神、丝路精神等,为社会主义革命、建设和改革提供了强大的精神动力。从地域分布来看,"爱国、创新、包容、厚德"的北京精神、"海纳百川、追求卓越、开明睿智、大气谦和"的上海城市精神、"厚于德、诚于信、敏于行"的新时期广东精神等,生动描画了北京、上海和广东人民敢为人先、锐意创新、奋进精业、诚信敏行的精神底色。

随着历史的演进与时代的更迭,时代精神也在与时俱进,推陈出新,并源源不断地为民族精神提供新的生长要素,丰富着民族精神的内涵。时代精神是一个民族在不同历史阶段的精神的抽象,它因带有不同的时代特征而体现为一种特别的、当下的民族精神,是民族精神的"现在进行时",具有更多的时代性、流变性特征。

总之,中国精神是民族精神和时代精神的辩证统一,在"变"与

"常"的有机结合中，涵盖了民族精神和时代精神，是对中华民族精神特质的最高抽象。时代精神与民族精神紧密相连，都是一个民族赖以生存发展的精神支撑。一切民族精神都曾经是一定历史阶段中带动潮流、引领风尚、推动社会发展的时代精神，弘扬和培育民族精神，理应自觉回应时代的要求，推动民族精神的不断革新；同时，一切时代精神都将随着历史的变迁逐步融入民族精神之中，不断丰富和发展民族精神的时代内涵，弘扬和培育时代精神，也须立足民族精神的根基，不断拓展民族精神的内涵。民族精神和时代精神共同构成了当今时代的中国精神。民族精神赋予中国精神以民族特征，是中华民族的精神独立性得以保持的重要保证；时代精神赋予中国精神以时代内涵，是中国精神引领时代前行、拥有鲜明时代性和强大生命力的重要根源。

四、新时代弘扬民族精神的重要意义[①]

民族精神贯穿中华民族发展的全过程，熔炼于古代，玉成于近代，彰显于当代，是中华民族历经沧桑而锐气不减、历尽苦难而愈挫弥坚的精神支柱。在全面建设社会主义现代化国家新征程上，大力弘扬民族精神，能够唤起和动员中国人民的民族自尊心、自信心和自豪感，鼓舞和激励中国人民团结奋斗、开拓进取，为推进新时代中国特色社会主义伟大事业、实现中华民族伟大复兴中国梦催生强大的精神动力，提供强大的精神引力，汇聚强大的精神合力。

---

① 此部分参见笔者的《伟大民族精神：中华民族奋勇前行的不竭动力》一文，发表于《山东省社会主义学院学报》2022年第2期，此处略有改动。

（一）民族精神为中国发展催生强大的精神动力

民族精神深深根植于连绵数千年的中华优秀传统文化，始终是维系各族人民共同生活、团结奋斗的精神纽带，是中华民族牢不可破、坚不可摧的精神保障，也是中华民族发展进步的强大精神动力。

近代以来，中国逐渐沦为半殖民地半封建社会，国运衰败，民不聊生，曾长期领先于世界的中国，遭遇国家蒙辱、人民蒙难、文明蒙尘的生存危机，中华民族遭受了前所未有的劫难，沉沦到历史的低点。在山河破碎、生灵涂炭的"至暗时刻"，为了挽救民族危机，无数仁人志士心怀中华民族伟大复兴之梦，在漫漫长夜中艰辛探索、曲折前行、奋起抗争，书写了惊天地、泣鬼神的民族救亡史诗。

自鸦片战争开始，在长达109年的反帝反封建、争取民族独立和人民解放的不懈奋斗中，民族精神得以薪火相传，催生了中华各族儿女共赴国难、救亡图存、振兴中华的强大精神动力。中华人民共和国成立以来，特别是改革开放以来，正是凭借伟大创造精神、伟大奋斗精神、伟大团结精神和伟大梦想精神，在社会主义革命、建设和改革的各个时期，涌现出解放军好战士雷锋、"铁人"王进喜、"党的好干部"焦裕禄、"90年代的先锋"孔繁森、"宁愿一人脏，换来万家净"的最美奋斗者时传祥、航空报国的罗阳、时代楷模黄文秀、"杂交水稻之父"袁隆平、"最美逆行者"钟南山、教书育人楷模张桂梅等一大批精神楷模，鼓舞激励着亿万中华儿女为中华民族伟大复兴而不懈奋斗。

（二）民族精神为中国发展提供强大的精神引力

中国共产党在波澜壮阔的百余年奋斗中，在领导和团结全国各族人民实现中华民族伟大复兴的百余年历程中，形成了以伟大建党精神为源头的中国共产党人精神谱系,从新民主主义革命时期的井冈山精神、苏区精神、长征精神、延安精神、抗战精神、南泥湾精神、西柏坡精神,到社会主义革命和建设时期的抗美援朝精神、"两弹一星"精神、大庆精神(铁人精神)、红旗渠精神、北大荒精神;从改革开放时期的特区精神、抗洪精神、抗震救灾精神、载人航天精神、劳模精神(劳动精神、工匠精神),到中国特色社会主义新时代的脱贫攻坚精神、"三牛"精神、科学家精神、企业家精神、探月精神、丝路精神、抗疫精神;等等,集中彰显、极大激活了宝贵的民族精神,极大丰富并拓展了民族精神的时代内涵,成为民族精神在各个历史时期生动的时代注脚。

千百年来,正是有了民族精神的激励,中国人民始终在逆境中勇往直前,在险境中顽强抗争,取得了革命、建设、改革的一个又一个伟大胜利,并迎来中华民族伟大复兴的光明前景。历史证明,人无精神不立,国无精神不强,在民族精神的牵引下,勤劳勇敢、自强不息的中国人民必将战胜前行途中的一切艰难险阻,实现中华民族伟大复兴的中国梦。

(三)民族精神为中国发展汇聚强大的精神合力

在数千年的中华文明进程中,中华各族儿女赤诚爱国、深情忧国、精忠报国、舍身救国,形成了团结统一的政治和文化传统,成为民族精神中最为高贵的品格、最为宝贵的特质,是中华民族生生不息、薪火相传的根本所在。

在长期的交流互鉴中,农耕文明的勤劳质朴,草原文明的热烈奔放和海洋文明的敢拼会赢逐渐走向融合,共同熔铸了以爱国主义为核心的伟大民族精神,共同缔造了"你中有我,我中有你,谁也离不开谁"的统一的多民族国家。在多元一体的中华民族大家庭中,各族人民相敬相亲、守望相助,在漫长的历史进程中,形成了休戚与共、荣辱与共、生死与共、命运与共的中华民族共同体。古代中国,同根同源的各族先民团结互助、并肩耕耘,共同创造了灿烂的古代中华文明;近代以来,同心同德的各族人民同仇敌忾、共克时艰,共同缔造了伟大的新中国;在中国特色社会主义新时代,同心同行的中国人民齐心协力、携手共进,共同建成了惠及14亿多人口的全面小康社会,正阔步迈上全面建设社会主义现代化国家的新征程。

总之,民族精神以其独特的导向、凝聚和激励功能,持续不断地为中国发展进步提供强大的动力、引力和合力。在民族精神的激励下,全体中华儿女必将以更加坚实的思想基础、更加强烈的民族认同和更加高涨的工作热情,朝着中华民族伟大复兴的目标奋勇前行。

第二章
革故鼎新的伟大创造精神

中国人民是具有伟大创造精神的人民。在几千年历史长河中，中国人民始终辛勤劳作、发明创造，我国产生了老子、孔子、庄子、孟子、墨子、孙子、韩非子等闻名于世的伟大思想巨匠，发明了造纸术、火药、印刷术、指南针等深刻影响人类文明进程的伟大科技成果，创作了诗经、楚辞、汉赋、唐诗、宋词、元曲、明清小说等伟大文艺作品，传承了格萨尔王、玛纳斯、江格尔等震撼人心的伟大史诗，建设了万里长城、都江堰、大运河、故宫、布达拉宫等气势恢宏的伟大工程。今天，中国人民的创造精神正在前所未有地迸发出来，推动我国日新月异向前发展，大踏步走在世界前列。我相信，只要13亿多中国人民始终发扬这种伟大创造精神，我们就一定能够创造出一个又一个人间奇迹！

——2018年3月20日，习近平总书记在第十三届全国人民代表大会第一次会议上的讲话

创新是一个国家和民族生存发展的重要力量，也是推动人类社会

文明进步的重要力量。中华文明历来注重革故鼎新,创新精神在中国有着久远的历史。"革故鼎新"一词,源于《周易·杂卦》:"革,去故也;鼎,取新也。"旧时多以"鼎新革故"指代朝政变革或改朝换代,后世泛指事物的破旧立新。早在3000多年前,《周易》中就说:"穷则变,变则通,通则久,是以自天祐之,吉无不利。"在"变则通"的革新思想与居安思危、未雨绸缪等忧患意识的碰撞融会中,形成了中国人民的伟大创造精神。

一、伟大创造精神的核心要义

"创造",意为建立、想出或作出从未有过的事物,是一种典型的人类自主行为。"创造"的最大特点,就在于有意识地对世界进行探索性劳动。在中华民族五千多年的历史长河中,中国人民辛勤劳作、精炼工艺、敢为人先、勇于创新,创造了硕果累累、闻名于世的物质财富和精神成果。

(一)辛勤劳作

富贵本无根,尽从勤里得。我国古代是农耕社会,在自然环境恶劣的古代中国,我们的先民们摩顶放踵、胼手胝足、披荆斩棘、筚路蓝缕,凿井而饮,耕田而食,日出而作,日落而息,一路走来,历经艰辛,用自己的辛勤劳作和聪明智慧,推动着中华文明的车轮滚滚向前。

在古代中国,广大农民是最勤劳的人群,他们一生都在辛苦劳作,除了短暂的节日祭祀、婚丧嫁娶之外,几乎没有什么空闲的时候——垦荒、种植、灌溉、除草、施肥、收割、晾晒、打碾、运输、加工粮食、家庭手工业等劳动，占据了古代农民一生的绝大多数时间。

早期的中国，分布着世界上面积最大的农业区，拥有着人数最多的农民，为了养活更多的人口，农民们在不断开垦的基础上，不得不精耕细作，提高单位面积土地的粮食产量。常年的辛勤劳作，形成了中国人民勤劳质朴、果敢坚毅的文化基因。

考古学研究表明，中国有着一万多年水稻栽培的历史。水稻栽培最早出现于长江中下游地区；距今约九千年前，扩展至广大的淮河流域、黄河下游地区；距今约六千年前，已经扩散到华南、台湾等地区；距今四千多年前，四川盆地已经出现了水稻栽培的痕迹。距今一万多年前，华北地区最早出现了黍粟栽培技术，八千多年前扩展至黄河中下游和西辽河流域的大部分地区，五千多年前扩散到河西走廊和青藏高原，四千多年前扩散到新疆地区。

无论是水稻栽培还是黍粟栽培，史前农业在开拓、发展的过程中，都需要不断适应各种不同的地理、气候和土壤环境，古代农民需要克服无数的艰难险阻。比如，长江、淮河流域拥有丰沛的水源，但由于地势低平，频繁发生洪涝灾害，为此，良渚文化、屈家岭文化的先民除了需要稻作农业精耕细作的勤劳和耐心，还需要大规模地建城筑坝，治理水患，劳动强度是很大的。而黄土高原虽然拥有深厚的土层，适宜开垦和耕种，但气候比较干旱，降雨期主要是在夏季，旱涝、滑坡、泥石流、崩塌等自然灾害频繁，水土流失严重。因此，北方农民必须面对干旱的生活条件，忍耐"面朝黄土背朝天"的艰辛生活，如果错过了播种、收割的时机，可能导致颗粒无收。仰韶文化是黄土高原的产儿，也是中华文明的"主根主脉"，它跨越了今天的近十个省份，延续长达两千多年，充分体现了史前华北先民勤劳坚毅的优秀品质。①可以说，一部中国农业的发展史，就是一部中国人民辛勤劳作、挥汗如雨的创业史。

《诗经》作为我国最早的一部诗歌总集，收集了大量描绘劳动生产的农事诗。比如，《诗经·芣苢》中的"采采芣苢，薄言采之""采采芣苢，薄言有之"；《诗经·伐檀》中的"坎坎伐檀兮，置之河之干兮""坎坎伐辐兮，置之河之侧兮""坎坎伐轮兮，置之河之漘兮"；《诗经·七月》中的"七月流火，九月授衣；一之日觱发，二之日栗烈""三之日于耜，四之日举趾""六月食郁及薁，七月亨葵及菽；八月剥枣，十月获稻"；等等，都生动地描绘了古代先民们艰辛的劳动生产过程。尤其是《诗经·七月》，全景式地描写了古代先民为了衣食而常年辛勤劳作的沧桑画面："一之日"寒冷难耐，寒风席卷万物，发出噼里啪啦的"觱（bì）发"之音；"二之日"寒气袭人，侵入每寸皮肤，产生"栗烈"之感；"三之日"人们就开始修理整装农具，准备这一年的春耕；"四之日"农人踏入春寒犹存的泥土，进入田中耕作；"八月"也叫蚕月，要去收集芦苇，以便蚕虫结茧，接着砍伐桑树的枝条作为蚕的食物，待丝事完成，又开始忙麻事，抓紧时间去纺织、染色；"九月"要提前修筑打谷场，以便放入"十月"收割的谷子；十月的时候木叶纷纷陨落，丝和麻不足以抵御寒冬，于是又在"一之日"狩猎，用貉的皮制作衣服。……这些日复一日、年复一年的繁重体力劳动，浸透着岁月的沧桑，通过《诗经·七月》的文字，我们可以看到祖先的辛劳，看到祖先脸庞上沟壑纵横的皱纹。

---

① 参见韩建业《从考古发现看八千年以来早期中国的文化基因》，《光明日报》，2020年11月4日第11版。

此外，李白的《秋浦歌》、李绅的《悯农》、白居易的《卖炭翁》《观刈麦》、崔道融的《田上》、颜仁郁的《农家》、雍裕之的《农家望晴》、杨万里的《插秧歌》、范成大的《四时田园杂兴》、张舜民的《打麦》、卢炳的《减字木兰花·莎衫筠笠》等诗词，都热情讴歌了我国古代先民辛勤劳作的场面。通过这些诗歌，我们仿佛可以看到许许多多在生活重压下的劳动人民，种田、打鱼、织布、冶炼，他们流淌着辛勤的汗水和辛酸的泪水，穿越历史的迷雾，向我们走来。

田园牧歌式的生活，总会引发现代人的诸多畅想。可是，在遥远的古代中国，我们的祖先并非只有宁静而没有愁苦，他们为了应对残酷的生存环境，用勤劳的双手一点一滴地创造着物质和精神财富，一步一步地提升着生活质量，春种夏长，秋收冬藏，凭着自己的力量，追求活着的意义。

(二) 精炼工艺

我国考古学泰斗苏秉琦先生认为，中国文化传统的精华之一，就是基于灵巧的双手而产生的精于工艺、善于创造等优秀品格。他指出，早在距今大约70万年的北京人时代，就已经开始"用劣质石材制造出超越时代的高级工具，例如用脉石英石片修整成尖锐、锋利的小型石器等"[①]。距今5300至4300年，持续发展约1000年的良渚文化，其玉器数量巨大，种类丰富，玉器的细雕工艺已达到极高的水平，成为史前玉器文化发展的最高峰。此外，中国人民在铜器、漆器、瓷器等方面的精巧水平，在当时的世界上是无与伦比的。

尤其值得一提的是，距今2200多年，成书于先秦时期的《考工

---

① 苏秉琦：《中国文明起源新探》，生活·读书·新知三联书店2019年版，第161页。

记》，以官方文献的方式，详细记述了官营手工业的各种规范和制作工艺，将天时、地气、材美、工巧四者视为制作精工产品的必备条件和重要方法。《考工记》所记载的手工业，分工非常严密细致，共有攻木之工7种，攻金之工6种，攻皮之工、设色之工、刮磨之工（玉石之工）各5种，搏埴之工（陶工）2种，分工细密，人尽其能，有助于工匠技艺专精。尽管《考工记》的篇幅并不大，只有7100余字，但科技信息含量却相当惊人，不仅涉及先秦时期的兵器、车辆制造、礼器、练染、水利、建筑等手工业技术，还涉及天文、数学、力学、声学、生物、物理、化学等自然科学知识，不仅是中国古代第一部明确记载官府手工制造业及其技术规范的科技著作，也是中国古代标准化实践中承上启下的历史性工艺文献，在中国科技史、工艺美术史和文化史上，都占有重要地位。下面仅举几例说明。

关于制铜工艺。《考工记》总结了青铜手工业的冶铸技术和制作工艺："攻金之工，筑氏执下齐，冶氏执上齐，凫氏为声，栗氏为量，段氏为镈器，桃氏为刃。""五分其金，而锡居一，谓之斧斤之齐。"指出在制作"斧斤之齐"、镈器等生产工具时，含铜比例、含锡比例分别为4/5、1/5。《考工记》分别记载了钟鼎之齐、斧斤之齐、戈之齐、大刃之齐、削杀矢之齐、鉴燧之齐等六种合金器物（称为"六齐"）的铜、锡比例，含锡比例分别为1/6、1/5、1/4、1/3、2/5和1/2。实践证明，一旦器物的含锡比例达到25%以上，就会变得脆弱而无法使用；若含锡比例达到50%，则会稍碰即碎。

关于制车工艺。春秋战国时期，车辆不仅是常见的交通运输工具，也是重要的战争工具。《考工记》极为重视车辆的制作技术和工艺，认为只有将车轮制为正圆，车轮与地面的接触面才能实现"微至",这样就可以减少车辆行驶的阻力,保证车辆运行的"戚速"。此外,针对"大车"(在平地上行驶)和"柏车"(在山地上行驶)的不同功用,《考工记》规定了两者不同的毂长、辐长,提出:"毂也者,以为利转也;辐也者,以为直指也;牙也者,以为固抱也。""行泽者欲短毂,行山者欲长毂。短毂则利,长毂则安。"以求车辆在不同的地势条件下,实现最大的行驶效率。

(三)敢为人先

战国时期,群雄逐鹿。赵武灵王即位时,赵国正处在衰落时期,无力与秦、齐等大国抗衡,且常常受到邻国中山以及林胡、楼烦、东胡等北方游牧民族的侵扰。战争频仍,赵国常吃败仗,眼看着就要被他国兼并。赵武灵王思想敏锐,勇于革新,认为"循法之功,不足以高世,法古之学,不足以制今",主张从实际出发,进行改革。在与北方游牧民族的接触中,他发现游牧民族在服饰形制、作战方式等方面有一些长处:窄袖短袄,生活起居和狩猎作战时都比较方便;作战时用骑兵、弓箭,与中原的兵车、长矛相比,具有更大的灵活性、机动性。而地处中原的赵国,军服多为宽衣博带、宽袍大袖,行动起来极为不便,严重影响了战斗能力。因此,赵武灵王萌生了"吾欲胡服"的想法。保守大臣以"易古之道,逆人之心"为由,群起反对。赵武灵王则力排众议:"兵不当用,何兵之不可易?教不便于事,何俗之不可变?"为了证明自己改革的决心,他带头穿起了胡服,随后又主导进行了骑射、兵制改革。他命将士习骑马、练射箭,并模仿胡骑,重整装备。据《战国策》记载,赵武灵王认为"今重甲循兵,不可以逾险",于是决定改重甲为轻甲,下令军队以皮质铠甲取代铜铁铠甲,极大提高了行军效率和士兵作战的灵敏度。赵武灵王实施胡服骑射等一系列改革后，国力日渐强大，向北方开辟了上千里疆域，并设置云中、雁门、代郡行政区，管辖范围扩大到今天的河套地区。其他诸侯国争相效仿赵国改革，胡服的应用范围不断扩大。胡服因轻便实用，很快就从军队传到了民间。

著名历史学家翦伯赞1961年考察了包头市的赵北古长城后，创作了一首广为人知的《登大青山访赵长城遗址》。诗中写道："骑射胡服捍北疆，英雄不愧武灵王。邯郸歌舞终消歇，河曲风光旧莽苍。望断云中无鹄起，飞来天外有鹰扬。两千几百年前事，只剩蓬蒿伴土墙。"说的就是赵武灵王胡服骑射改革的这段历史。历史长河，大浪淘沙。赵武灵王胡服骑射的创新实践，是古代中国先民摒弃陈规、敢为人先的著名例证，也说明了这样一个深刻的道理：只有积极应对环境变化，才能紧跟时代步伐，立于不败之地。

中华民族之所以生生不息，一个重要的原因，就是拥有敢为人先的勇气和革故鼎新的锐气。党的十九届六中全会通过的《中共中央关于党的百年奋斗重大成就和历史经验的决议》，将坚持开拓创新作为我们党百年奋斗历程的重要历史经验之一。敢为人先，是高瞻远瞩的豪迈，是勇者无畏的自信，也是伟大创造精神的集中体现和核心要义。

（四）勇于创新

中华文明在起源时就具有鲜明的原创性，在制度文明方面，尽管我们的先民很早就创造了一套富有成效的机制，但并不故步自封、因循守旧，而是"苟利于民，不必法古；苟周于事，不必循俗"。商鞅变法，就是制度创新的成功典范。

战国时期，公元前356年和公元前350年，商鞅在秦孝公的支持下进行了两次较为彻底的封建化变法改革运动，史称商鞅变法。面对甘龙、杜挚等旧贵族"法古无过，循礼无邪"的反对变法论调，商鞅针锋相对地指出："前世不同教，何古之法？帝王不相复，何礼之循？""治世不一道，便国不法古。"并旗帜鲜明地主张"当时而立法，因事而制礼"。在商鞅的强力推动下，秦国废除旧的世卿世禄制，代之以军功制，颁布了按照军功进行赏赐的二十等爵制度，奖励军功，禁止私斗；推行个体小家庭制度，扩大了国家赋税和兵徭役来源；废除贵族的井田制，统统废除原来"百步为亩"的"阡陌"和每一顷（百亩）田的"封疆"，开拓为二百四十步为一亩，重新设置"阡陌"和"封疆"，并特别奖励垦荒；废除分封制，普遍推行县制，"集小都乡邑聚为县"，以县为地方行政单位，设县令以主县政，设县丞以辅佐县令，设县尉以掌管军事；迁都咸阳，将国都由雍城迁到咸阳，便于秦国向东用兵；统一度量衡制，颁布度量衡的标准器。

商鞅变法不仅使国家机制更加健全，由此开启了中央集权的制度建设；而且极大地促进了经济发展、提高了军队的战斗力，使秦国发展为战国后期最为强大的国家，为秦统一全国奠定了坚实基础；更为重要的是，显著加强了普通群众对于国家的认同感，一个全新的、融合的、大家真正认可的大民族开始形成。至此，统一的多民族国家开始逐渐有了生根发芽的土壤。

二、伟大创造精神的历史底蕴

创造性是推动社会发展和文明进步的不竭动力，也是中华民族主观能动性的集中体现。伟大创造精神作为民族精神的重要内核，有着深厚的历史底蕴，贯穿于中华民族悠久的发展历程。在漫长的历史长河中，中国人民创造了政治、经济、文化等诸多领域的累累硕果。

（一）开创了"大一统"的国家治理模式

"大一统"一词最早见于《春秋公羊传》。孔子在《春秋》中记载历代周王即位时，总是冠以"王正月"的字样。对此，《公羊传·隐公元年》作出解释："曷言乎王正月，大一统也。""大一统"的原始意义，就是以周天子为核心，将社会自上而下有序地统合起来，实现中国真正的政治统一。政治上的"统一"是"大一统"的先决条件，古代中国"文景之治""贞观之治""开元盛世""永宣之治""康乾盛世"等著名的太平盛世，无一不是在政治统一的时代出现的。随着儒家学者的深入阐释，"大一统"的含义除了政治、领土的"统一"之外，还包括社会安定、经济繁荣等更为广泛的内涵。"大一统"思想早已深深渗入中华民族的文化血脉，至今依然在很大程度上支配着中国人对于国家前途的思维模式。

2019年10月31日，习近平总书记在党的十九届四中全会第二次全体会议上的重要讲话中指出："一个国家选择什么样的治理体系，是由这个国家的历史传承、文化传统、经济社会发展水平决定的，是由这个国家的人民决定的。……在几千年的历史演进中，中华民族创造了灿烂的古代文明，形成了关于国家制度和国家治理的丰富思想，包括……六合同风、四海一家的大一统传统，……这些思想中的精华是中华优秀传统文化的重要组成部分，也是中华民族精神的重要内容。"[①] 我国是历史悠久的文明古国，在几千年的发展过程中，中国人民融合各方智慧，经过曲折探索和反复实践，形成并开启了"大一统"的国

---

① 习近平：《坚持和完善中国特色社会主义制度推进国家治理体系和治理能力现代化》，《求是》，2020年第1期。

家治理模式，成为政治领域影响极为深远的制度安排。

1. 郡县制：郡县治，天下安

秦朝之前的周代，实行的是分封制。周天子将整个国家的土地分给王孙贵族和有功之臣，使他们成为领地的领主（或称诸侯），前提是定期向周天子贡献财物，对外用兵时要随同征战。周天子直接管理的土地，仅限于王畿附近，能够直接控制的资源很少；诸侯与周天子的关系也很松散，往往只承担一些象征性的义务。有周一代，尽管周天子是天下共主，但这只是名义上的，在那个"有土者皆谓之君"的时代，天下的实际治理之权并不属于周天子，而是掌握在大大小小的地方诸侯手中。地方诸侯掌握着封国内的行政、军事和财政大权，随着时间的推移，诸侯与中央的关系日益疏远，容易形成独立王国，对中央产生离心力，从而对中央王权构成极大威胁。

公元前221年，秦王嬴政统一六国，结束了长期以来诸侯分立、割据一方的混战局面。秦始皇听取李斯的建议，在全国范围内推行郡县制，将全国领土划分为三十六郡，郡设郡守（行政长官）、郡尉（军事长官）、郡监（主管监察）。每郡下设若干县，县设县令或县长（主管县内政务，万户以上的县长官称为县令，不满万户的则称为县长）、县尉（主管军事）、县丞（县令的主要助手）。郡县长官由朝廷任免，不可世袭。

郡县制的突出优势，在于中央垂直管理地方，央地之间政令畅通，以郡统县的二级管理体制有着极高的行政效率，从而有效地强化了中央集权，实现了国家自上而下的有序组织和高效治理。更为重要的是，由于郡县长官由皇帝任免且不能世袭，危及中央的地方割据势力不易形成，这对于政治安定和经济发展是极为有利的。

在郡县制的制度基础上，秦始皇统一了文字、度量衡和货币，结束了先秦长期以来"田畴异亩，车途异轨，律令异法，衣冠异制，言语异声，文字异形"（《说文解字·序》）的混乱局面。正如吕思勉在《白话本国史》中讲到的那样，秦代以前的世界，是个封建之世；秦汉以后的世界，是个郡县之世，其情形是迥然不同的。中国成为一个统一的大国，实在是从秦朝开始的。

郡县治，天下安。秦朝全面推行的郡县制，虽经后世的屡次变革和不断改造，但其基本精神并未出现大的改变，一直延续了两千余年，正所谓"百代皆行秦政制"。

2. 三省六部制：彼此配合、相互制约的中央政府机构

三省六部制是中国古代封建社会组织严密的中央行政体制，始于隋朝的五省六曹制，正式确立于隋朝，完善于唐朝，是中国人民创造的另一项政治文明成果。

何为三省？何为六部？鉴于隋朝存续时间较短，且唐多承隋制，我们以三省六部制最为完善的唐朝为例，概略说明那个时代国家权力的运行机制。

三省是指中书省、门下省和尚书省，六部是指尚书省下属的吏部、户部、礼部、兵部、刑部和工部（每部各辖四司，共为二十四司）。尽管为了加强君主专制统治，不同时期的统治者进行过一些调整，但一直到清末，六部制被历代王朝基本沿袭。

三省级别相当，是朝廷的中枢。具体而言，中书省主要负责秉承皇帝旨意，起草诏令和决策（主要由中书舍人承担），称为"定旨出命"，长官为中书令（内史令）。门下省主要负责纠核奏章，复审中书省起草的诏敕，如果认为不当，可以封还或加以驳正（主要由给事中

承担驳正之责），长官为侍中（纳言）。尚书省是最高行政机构，负责执行国家的重要政令。尚书省设在宫外，长官为尚书令，实际上极少任命，职权由副长官左、右仆射代行，总领六部。

吏部掌管全国文职官吏的任免、考核、升降、调动等事务；礼部掌管国家的典章制度、学校、科举、外事活动等事务；户部掌管全国的土地、户籍、货币、赋税、财政收支等事务；兵部掌管全国的武官选授、军令、军械、驿站等事务；工部掌管全国的各项工程、水利、交通、屯田等事务；刑部掌管全国的法律、刑狱等事务。各部长官称为尚书，副职为侍郎；各司之长称为郎中，副职为员外郎。

三省的职责分工明确，中书省负责草拟、颁布皇帝的诏书，门下省负责审核政令，尚书省负责执行政令，能够有效提高办事效率。同时，三省之间既有彼此配合，又有相互牵制，如果门下省发现中书省颁布的诏令政令不合皇帝本意或不可行，可以驳回（后设立政事堂，中书省、门下省各陈己见，集思广益，待意见一致，再行拟写敕书）；尚书省仅负责政令的执行，而无起草、驳回之权。

总之，三省六部制是一套相对完整、程序严格、职权分明、运转灵活、相互制衡的中央政府机构，是古代中国治理智慧和政治文明的重要体现。

3. 科举制：影响深远的选官制度

鉴于察举制、九品中正制等选官制度导致的"上品无寒门，下品无士族"等阶层固化的严重弊端，隋大业三年（公元607年），隋炀帝恢复了国子监、太学以及州县学，使大量的寒门子弟拥有了读书的机会，得以重振门庭，促进了社会的和谐稳定。他在隋文帝"岁贡三人"应考"秀才"的基础上，正式设立进士科取士，科举制度自此正式诞生。隋炀帝开创的科举制度，选才相对公平，既为广大贫寒士子提供了出人头地、改变自身命运的机会，增强了社会阶层的流动性，又为国家从基层发掘、培养人才提供了良好渠道，扩大了官吏来源，改善了用人制度，大大保障了王朝的平稳发展。

科举制度集政治、文化、教育、社会等多重功能于一体，基本保证了唐代以来人才选拔的公平公开和官僚制度的正常运转，是国家机器有效的润滑剂，也是古代中国社会秩序得以长期保持稳定的关键因素。科举制度一直沿用至清末，历时 1300 年，成为世界上延续时间最长的人才选拔方式，对后世产生了极为深远的影响，被称为中国古代第五大发明。

在"大一统"的国家治理模式和制度体系中，除了上述的郡县制、三省六部制、科举制之外，旨在制约权力的监察制度、考评官员表现的考绩制度等，也是非常重要的制度遗产，为后世乃至当今提供了许多可资借鉴的宝贵经验。

（二）产生了影响深远的伟大科技成果

勤劳智慧的中国人民，不仅发明了造纸术、火药、印刷术、指南针，在天文、算学、医学、农学等领域也取得了辉煌的科技创新成果，深刻影响了人类文明进程，为世界文明进步作出了巨大贡献。

1620 年，弗朗西斯·培根在《新工具》一书中论及人类历史上最伟大的三大发明，认为印刷术、火药和指南针三项最为重要。马克思继承了培根的这一说法，并认为这三大发明是"资产阶级发展的必要前提"。他在《机器、自然力和科学的应用》中指出，火药、罗盘、印刷术——这是预示资产阶级社会到来的三项伟大发明。火药把骑士阶层炸得粉碎，罗盘打开了世界市场并建立了殖民地，而印刷术则成为新教传播的工具,成为科学复兴的手段,成为精神文明发展的必要前提和最强大的推动力。[①]1946年,英国人李约瑟在三大发明中增加了造纸一项,"三大发明"被增补为"四大发明"。"四大发明"对世界的影响非常深远,已经成为中国人图腾式的、某种程度上不容置疑的神圣概念,成为中国人自尊心自信心的重要支撑。

我国古代天文学、农学、医学等方面的科技创新成果,分别如表2-1、表2-2、表2-3所示:

表2–1 中国古代天文学成就

时间	发明者	成就	世界地位
战国	甘德 石申	《甘石星经》	我国最早的一部天文学专著
		《石氏星表》	世界上最早的星表
东汉	张衡	水运浑象仪	世界上第一台用水力发动的天文仪器
		地动仪(测定地震方向)	世界上第一架地动仪
		地球是圆的	比欧洲早1000多年
唐朝	僧一行	黄道游仪	世界上首次用它发现了恒星位置的变动
		实测子午线的长度	世界上最早发起和组织的子午线长度测量
		制成以水流为动力的水运浑象仪	平行联动装置是世界上最早的机械时钟
元朝	郭守敬	简仪	比欧洲同类发明早300多年
		测定黄道和赤道的交角值	受到世界天文学界的推崇
		《授时历》	我国古代最精密的一部历法

---

① 参见《马克思恩格斯选集》第四卷,人民出版社1980年版,第19—24页。

表2－2　中国古代农学成就（应用层面）

时间	作者	成就	世界地位
南北朝	贾思勰	《齐民要术》	我国现存的最早的一部农书
元朝	中央机构司农司主持编写	《农桑辑要》	现存最早的一部官修农书
元朝	王祯	《农书》	详细包含了农业各方面的知识
明朝	徐光启	《农政全书》	达到了传统农业科学的顶峰

表2－3　中国古代医学成就

时间	作者	成就	世界地位
西汉	不详	《黄帝内经》	中国现存较早的一部医书，奠定了中医学理论的基础
东汉	张仲景	《伤寒杂病论》	张仲景被称为"医圣"，四诊疗法成为中医临床医学的经典
东汉		《神农本草经》	中国现存较早的药物学专著
明代	李时珍	《本草纲目》	全面系统地总结了16世纪以前的药物分类法，创立了当时世界上最先进的药物分类法

（三）建造了闻名于世的多项重大工程

在改造客观世界方面，中国人民建造了万里长城、都江堰、大运河、故宫、布达拉宫等气势恢宏的伟大工程，充分体现了中国人民的聪明才智和卓越的创造力量。

万里长城，作为人类建筑史上罕见的古代军事防御工程，是中国古代劳动人民的伟大创造。春秋战国时期，列国纷争，各诸侯国在险要据点兴建防御城堡，以及用于传递军情的烽火台等军事设施。随后，逐渐在边境上修筑城墙，将这些城堡、烽火台等设施连接起来，抵御外敌的侵扰。秦始皇统一六国后，命令大将蒙恬率领士卒和征发的大批民工修筑长城。秦长城在六国时秦、赵、燕北部原为防御匈奴而修筑的旧长城基础上,进行了大量的修葺、增补,同时又建造了不少新的城墙,将其连接贯通。秦长城西起临洮,东至辽东,蜿蜒曲折,全长约5000公里,历时9年修筑完成,成为抵御外敌的坚固屏障。万里长城是中国古代最伟大的工程,是人类建筑史上的伟大奇迹,更是中华民族的骄傲与象征。

位于成都平原西部,已有2200多年历史的都江堰,是全世界迄今为止年代最久、唯一留存、仍在一直使用的大型无坝引水工程,是中国古代劳动人民勤劳、勇敢、智慧的结晶,被誉为中国水利工程史上的伟大奇迹、世界水利工程的璀璨明珠。都江堰由分水鱼嘴、飞沙堰、宝瓶口等部分组成,2000多年来一直发挥着防洪灌溉的作用,使成都平原成为水旱从人、沃野千里的"天府之国"。联合国教科文组织世界遗产中心非洲部主任埃德蒙·穆卡拉曾感叹道:都江堰是一项被全世界视为珍宝的工程,灌溉方式之完美,世界各地无与伦比。

(四)产生了灿若群星的人文思想巨匠

德国哲学家雅斯贝斯在他的《历史的起源与目标》一书中,把公元前800年至公元前200年的这段时间,称为人类文明的"轴心时代",认为这段是人类精神文明重大突破的时期。"轴心时代"对后世有着恒久的影响,每当人类社会面临危机或产生新的飞跃的时候,人们总是习惯性地回过头去,聆听"轴心时代"先哲们的声音。"人类一直靠轴心期所产生、思考和创造的一切而生存,每一次新的飞跃都回顾这一时期,并被它重燃火焰。"[1]在一定意义上,可以这么说,我们现

---

[1] [德]卡尔·雅斯贝斯:《历史的起源与目标》,魏楚雄、俞新天译,华夏出版社1989年版,第14页。

在所有的价值观、道德体系和社会认知，都是"轴心时代"的传承与延续。

在人类文明的"轴心时代"，我国产生了老子、孔子、庄子、孟子、墨子、孙子、韩非子等闻名于世的伟大思想巨匠，①他们提出的"协和万邦，四海一家""大道之行，天下为公"等美好社会愿景，"道之以德，齐之以礼""和而不同""兼爱非攻"等国家治理方案，"天人合一""合同异、离坚白""齐物论、逍遥游"等人文价值理念，不仅塑造了数千年来中国人的精神品格，还将继续深刻影响未来的中国与世界。

"道法自然"的老子。老子（约公元前571年至公元前471年），又称老聃、李耳，字伯阳，是我国古代伟大的哲学家和思想家，道家学派创始人和主要代表人物，与庄子并称"老庄"。据史料记载，老子西出函谷关，在关令尹喜的请求之下，留下了"五千余言"，这便是成就老子在人类思想史上不可磨灭之地位的《道德经》。诞生于2500多年以前的《道德经》，尽管只有区区五千余字，却是我国历史上最伟大的名著之一，被称为"万经之王"。据联合国教科文组织统计，除了《圣经》以外，《道德经》是被译为最多种类语言、传播最广的文化名著。《道德经》作为中国哲学的主根之一，是中国历史上首部哲学著作，对中国的哲学、政治、宗教、民族性格等产生了深刻影响。在中国哲学史上，老子首创天道自然无为之说，认为万物皆由"道"产生，道生万物是自然而然的。老子明确提出"道法自然"，意思是说，"道"是自然而然、本来如此、以自己为法的，"道"听任世

---

① 参见习近平《在第十三届全国人民代表大会第一次会议上的讲话》，http://www.xinhuanet.com/politics/2018—03/20/c_1122566452.htm，2018年3月20日。

间万物自然而然地发展。老子把"道"置于天之上、之先，这对批判以天为主宰的有神论具有重要意义。老子宝贵的哲学思想，早已融入我们的日常生活和风俗习惯，成为中国人日用而不知的一部分。

为理想而献身的孔子。孔子（公元前551年9月28日至公元前479年4月11日），名丘，字仲尼，祖籍宋国栗邑（今河南省商丘市夏邑县），生于春秋时期鲁国陬邑（今山东省曲阜市），中国古代伟大的思想家、教育家、政治家。孔子崇尚"礼"，将"礼"作为维系社会运转的纽带；孔子追求"仁"，认为"仁"的核心是"爱人"，是做人的基本原则。孔子穷其一生，执着地践行"礼"与"仁"，以期用伦理规范来拯救"礼崩乐坏"的社会秩序。他向百姓敞开教育的大门，创办了中国历史上的第一所私学。孔子认为，无论出身贵贱，人人都有平等受教育的机会，他所倡导的"有教无类"的教育理念，打破了那个时代贵族对于知识的垄断，深刻影响着后世的莘莘学子，具有极其深远的教育意义，至今依旧熠熠生辉。为了实现他的政治主张，孔子率弟子们周游列国14年，一路颠沛流离。在卫国，因为有人在国君面前说他坏话，孔子仅停留了十个月，就匆匆离开；在宋国，他因批评执政的司马桓魋，桓魋派人砍倒树木，欲加害于他；在郑国，孔子和弟子们走散，被郑人形容为"丧家之犬"。最危险的一次，当数公元前489年的那次陈蔡之厄。当时，孔子和弟子们被陈、蔡两国的主事大夫围堵于荒野，整整七天，没有食物，也没有水，直到子贡前来，方解七日之围。尽管如此，孔子从未放弃自己的理想，那些不被当世诸侯所理解、所欣赏的思想，两千多年来滋养了一代又一代的中国人，如同一条亘古不绝的大河，川流不息，不舍昼夜。①

逍遥无待、齐物于心的庄子。庄子（约公元前369年至公元前286年），名周，字子休（一作子沐），战国中期哲学家、思想家、文学家，蒙（今安徽蒙城，又说河南商丘、山东东明）人。《逍遥游》作为《庄子》最重要的篇章，向人们讲述了他心中的"道"与"逍遥"。在庄子看来，"逍遥"就是无所牵挂、没有束缚、自由自在地活着；"无待"就是无所凭借、无所依赖，乃是人生的最高境界；世界万物归根结底都是齐一的，即"齐物"，只有消除人、物之间的界限，人们才不会受到物质欲望的束缚，从而获得精神的解放。庄子一生热爱自然，寄情山水，追求洒脱出世，逍遥自在，在那个动乱的年代，他用"齐物"思想，为人们开出济世良方。②

推行仁政的孟子。孟子（约公元前372年至公元前289年），名轲，字子舆，邹国（今山东邹城东南）人。战国时期哲学家、思想家、政治家、教育家，与孔子并称"孔孟"。孟子认为"人性本善"，人性是善良纯真的，所以"人皆有不忍人之心。先王有不忍人之心，斯有不忍人之政矣"（《孟子·公孙丑上》）。这种"不忍人之心"在政治上的体现，就是孟子所推行的"仁政"。孟子提出的"老吾老以及人之老，幼吾幼以及人之幼""民贵而君轻"等民本主张，"富贵不能淫，贫贱不能移，威武不能屈"的"大丈夫"人格，"得天下英才而教育之"的人生之乐，闪耀着灿烂的思想光芒。

---

① 参见《纪录片〈中国〉今天震撼首播：回望孔子的一生》，《潇湘晨报》，2020年12月7日。

② 参见《纪录片〈中国〉第二集〈众声〉：探寻百家争鸣时代的文化繁荣》，芒果TV，2020年12月28日。

此外，倡导"兼爱"的崇高品质、躬行"非攻"的无私精神的墨子，提出"天行有常，不为尧存，不为桀亡"自然观念的荀子，被誉为"百世兵家之师"的孙子，法家思想的集大成者韩非子等，也以精妙的思辨为后世留下了恒久的精神底色。那是一个征战杀伐、颠沛流离的时代，也是一个百家争鸣、蔚为壮观的时代，先秦诸子的思想，是中国古代第一次文化发展的高峰，成为中国思想的源头。

三、伟大创造精神的百年实践

"中华民族是世界上伟大的民族，有着5000多年源远流长的文明历史，为人类文明进步作出了不可磨灭的贡献。1840年鸦片战争以后，中国逐步成为半殖民地半封建社会，国家蒙辱、人民蒙难、文明蒙尘，中华民族遭受了前所未有的劫难。"[1]回望历史，自鸦片战争以来，在内忧外患、民族危亡的历史关头，无数仁人志士多方奔走，呼号呐喊，谭嗣同发出"四万万人齐下泪，天涯何处是神州"的大声疾呼；康有为1898年4月在保国会发表演讲，以"吾中国四万万人……如笼中之鸟，牢中之囚；为奴隶，为犬羊，听人驱使，听人宰割"，比喻中国人的悲惨境地；鲁迅先生写下"灵台无计逃神矢，风雨如磐暗故园"的悲愤诗句。那时的中国人民，面临的是山河破碎、神州陆沉的残酷现实，中华民族沉沦到历史的低谷。

为了实现中华民族的伟大复兴，近代以来中国人民进行了各种尝试，太平天国运动、洋务运动、戊戌变法、君主立宪制、议会制、总

---

[1] 习近平：《在庆祝中国共产党成立100周年大会上的讲话》，《求是》，2021年第14期。

统制……为了革新图强、救亡图存,无数志士仁人上下求索、苦苦追寻,但最终都失败了。1921年7月,中国共产党成立,这一开天辟地的大事件,深刻改变了中华民族伟大复兴的历史进程,标志着中国人民从精神上由被动转为主动,中国革命的面貌从此焕然一新。

一百余年来,中国共产党团结带领中国人民艰辛探索、不懈奋斗、解放思想、开拓创新,接续创造了新民主主义革命、社会主义革命和建设、改革开放和社会主义现代化建设、新时代中国特色社会主义等各个历史时期的伟大成就,找到了中国特色社会主义这条实现中华民族伟大复兴的正确道路,迎来了中华民族伟大复兴的光明前景。

(一)创造了新民主主义革命的伟大成就

1896年10月17日,英国人在上海办的英文报纸《字林西报》发表了一篇文章,批评清政府官僚腐败、风气恶劣,是"东方病夫"。1936年,在德国柏林举行的第十一届奥运会上,中华民国奥运会代表团全军覆没。代表团回国途经新加坡时,当地报纸发表了这样一幅漫画:在奥运五环旗下,一群头蓄长辫、长袍马褂、脸庞枯瘦的中国人,用担架扛着一个大大的鸭蛋,题为:东亚病夫。从那时起,"东亚病夫"就成了外国人对中华民族的蔑称,也成为中国人民内心深深的伤痛。

1949年9月21日至30日,中国人民政治协商会议第一届全体会议在北平(今北京)举行。毛泽东同志在开幕词中向全世界庄严宣告:"我们有一个共同的感觉,这就是我们的工作将写在人类的历史上,它将表明:占人类总数四分之一的中国人从此站立起来了。"[①] 回

---

① 《毛泽东文集》第5卷,人民出版社1996年版,第343页。

想 1921 年 7 月的那个夏天，一群平均年龄只有 28 岁的中国青年，冒着生命危险，登上了浙江嘉兴的一条小船，代表全国五十多名党员，宣告了中国共产党的成立。年轻的中国共产党在挫折中愈挫弥坚，在残酷的斗争中逐渐走向成熟，经过 28 年的浴血奋斗，取得了新民主主义革命的伟大胜利，建立了中华人民共和国。

开拓创新是中国共产党的鲜明政治品格，也是我们党开辟伟大道路、创造伟大成就的重要精神密码。新民主主义革命时期，中国共产党把马克思主义基本原理同中国具体实际相结合，创造性地开辟了中国革命的正确道路，创建了抗日根据地政权建设的"三三制"原则、中国共产党领导的多党合作和政治协商制度等，为夺取抗日战争、解放战争的胜利和中华人民共和国的成立，汇聚了强大的支持力量，凝聚了广泛的政治共识。

1. 开辟了农村包围城市的民主革命正确道路

大革命失败后，以毛泽东同志为主要代表的中国共产党人，科学分析革命形势，逐步把党的工作重点由城市转入敌人统治力量比较薄弱的农村，开辟农村根据地，开展土地革命，建立革命武装、工农政权。1928 年 10 月，毛泽东同志在《中国的红色政权为什么能够存在？》一文中指出："一国之内，在四围白色政权的包围中，有一小块或若干小块红色政权的区域长期地存在，这是世界各国从来没有的事。这种奇事的发生，有其独特的原因。"[①] 毛泽东同志透彻地分析了中国国内的政治形势，科学地回答了红色政权为什么能够长期存在、发展等问题。之后，毛泽东同志又分别于 1928 年 11 月和 1930 年 1 月写成

---

① 《毛泽东选集》第 1 卷，人民出版社 1991 年版，第 48—49 页。

《井冈山的斗争》《星星之火，可以燎原》，深刻分析了中国社会的特点，系统总结了中国共产党领导武装起义、开辟农村革命根据地的斗争经验，建立了"工农武装割据"的革命理论。

工农武装割据，农村包围城市，武装夺取政权，正是这些"山沟沟里的马克思主义"，科学回答了农民人口占绝大多数的、半殖民地半封建的旧中国，如何进行民主革命的一系列问题，开创了一条具有鲜明中国特色的新民主主义革命道路。

2. 创建了抗日根据地政权建设中的"三三制"原则

1937年9月，全面抗战爆发后不久，抗日民族统一战线正式形成。至1940年初，在中国共产党的领导下，各抗日根据地已经普遍建立了抗日民主政权，将赞成抗日的各阶级、阶层、党派、团体等不同方面的力量，都容纳了进来。

1940年3月，为了更好地贯彻抗日民族统一战线的战略决策，争取和团结各界人士共同抗战，结成最广泛的统一战线，中国共产党首次在党内正式提出"三三制"的政权建设构想："在抗日时期，我们所建立的政权的性质，是民族统一战线的。这种政权，是一切赞成抗日又赞成民主的人们的政权，是几个革命阶级联合起来对于汉奸和反动派的民主专政。"①并提出了具体的人员构成和分配比例："根据抗日民族统一战线政权的原则，在人员分配上，应规定为共产党员占三分之一，非党的左派进步分子占三分之一，不左不右的中间派占三分之一。""必须使党外进步分子占三分之一，因为他们联系着广大的小资产阶级。""给中间派以三分之一的位置，目的在于争取中等资产阶级

---

① 《建党以来重要文献选编》（1921—1949），中央文献出版社2011年版，第170页。

和开明绅士。"① "三三制"带给边区人民强烈的价值感和归属感。1941年，整个陕甘宁边区的人民，都沉浸于浓厚的民主选举氛围之中，并创造了投豆豆、画杠杠、画圈圈、烧香洞、背箱子等充满泥土气息的投票方式，边区人民参与政治选举的权利，得到了切实保障。

作为一种统一战线性质的抗日民主政权，"三三制"为党外人士进入政权并占有一定比例提供了制度保障，对于进一步巩固和扩大抗日民族统一战线，争取、团结各阶级、阶层、党派和团体共同参与抗战，最终夺取抗日战争的胜利，具有重要的历史意义。

3. 确立了中国共产党领导的多党合作和政治协商制度

1948年上半年，人民解放战争取得辉煌胜利，同时，爱国主义运动在国民党统治区蓬勃兴起。中国共产党在胜利已经成为定局的情况下，并未忘记与各民主党派共建联合政府的庄严承诺，于1948年4月30日发布纪念"五一"劳动节口号，号召"各民主党派、各人民团体及社会贤达，迅速召开新的政治协商会议，讨论并实现召集人民代表大会，成立民主联合政府"②，表达了与各民主党派共同建立联合政府的意愿，迅速得到各民主党派的热烈响应。在多党合作、统一战线历史上，"五一"口号具有标志性意义。

从1948年5月5日起，中国国民党革命委员会、中国民主同盟、中国致公党、中国民主促进会、中国农工民主党、中国国民党民主促进会、中国人民救国会、三民主义同志联合会、九三学社、台湾民主自治同盟等，先后发表声明、宣言、通电，积极响应中国共产党的"五一"号召。之后，毛泽东致电李济深、何香凝、沈钧儒、马叙伦、

---

① 《毛泽东选集》第2卷，人民出版社1991年版，第742页。
② 《毛泽东年谱（1893—1949）》（下卷），中央文献出版社2013年版，第306页。

章伯钧、陈其尤、蔡廷锴、谭平山、郭沫若、彭泽民、李章达等各民主党派领导人,诚邀他们前来北平,参加新的政治协商会议,共商国是。

从1948年8月起,各民主党派代表人士陆续从各地进入解放区,汇聚在中国共产党的周围,进行新政协的筹备工作,迎接新中国的诞生。1949年9月21日至9月30日,中国人民政治协商会议第一届全体会议在北平召开,毛泽东致开幕词,指出:"我们的民族将从此列入爱好和平自由的世界各民族的大家庭,以勇敢而勤劳的姿态工作着,创造自己的文明和幸福,同时也促进世界的和平和自由。……让那些内外反动派在我们面前发抖吧,让他们去说我们这也不行那也不行吧,中国人民的不屈不挠的努力必将稳步地达到自己的目的。"[①] 会议讨论并通过了《中国人民政治协商会议共同纲领》《中华人民共和国中央人民政府组织法》和《中国人民政治协商会议组织法》,决定中华人民共和国的国都定于北平,并将北平改为北京;采用公元纪年;以田汉作词、聂耳作曲的《义勇军进行曲》为代国歌;国旗为五星红旗。会议选举毛泽东为中央人民政府主席,朱德、刘少奇、宋庆龄、李济深、张澜、高岗为副主席,周恩来等56人为委员,组成中央人民政府委员会。中国人民政治协商会议第一届全体会议的召开,标志着中国共产党领导的多党合作和政治协商制度得以正式确立。

2018年3月4日,习近平总书记在看望参加全国政协十三届一次会议的民盟、致公党、无党派人士、侨联界委员并参加联组会讨论时指出,"中国共产党领导的多党合作和政治协商制度作为我国一项基

[①]《毛泽东文集》第5卷,人民出版社1996年版,第343—344页。

本政治制度，是中国共产党、中国人民和各民主党派、无党派人士的伟大政治创造，是从中国土壤中生长出来的新型政党制度"。① 新型政党制度这一重大政治论断和理论概括，彰显了高度的道路自信、理论自信、制度自信和文化自信。

新民主主义革命的胜利和中华人民共和国的成立，结束了中华民族自鸦片战争以来109年被侵略、被奴役的屈辱历史，中国人民真正站了起来。

（二）创造了社会主义革命和建设的伟大成就

社会主义革命和建设时期，是中国共产党紧紧依靠和团结带领全国各族人民建立、巩固、建设新中国的历史转型期，在这一时期，中国人民艰辛探索社会主义建设道路，所取得的独创性理论成果和巨大成就，为新的历史时期开创中国特色社会主义的正确道路，提供了极为宝贵的实践经验、理论准备和物质基础。

中华人民共和国成立后，中国共产党团结带领人民迅速医治战争创伤、恢复国民经济，实行土地改革，人民真正成为土地的主人。社会主义制度建立之后，鉴于苏联在建设过程中暴露出来的诸多弊端，毛泽东指出："最重要的是要独立思考，把马列主义的基本原理同中国革命和建设的具体实际相结合，……我们要进行第二次结合，找出在中国怎样建设社会主义的道路。"② 1956年4月25日，毛泽东在中央政治局扩大会议上作了《论十大关系》的报告，系统地阐述了我国社

---

① 《习近平在看望参加政协会议的民盟致公党无党派人士侨联界委员时强调坚持多党合作发展社会主义民主政治为决胜全面建成小康社会而团结奋斗》，《人民日报》，2018年3月5日。

② 《毛泽东年谱（1949—1976）》第2卷，中央文献出版社2013年版，第557页。

主义建设中所需要解决的、带有全局性的十大矛盾问题，即十大关系。《论十大关系》所蕴含的从中国国情出发走自己的路、经济体制改革、中国工业化道路、社会政治生活领域的方针政策等思想，是以毛泽东同志为主要代表的中国共产党人在探索社会主义建设中所取得的重要思想成果，具有开创性的意义。

社会主义基本制度的建立，"实现了中华民族有史以来最为广泛而深刻的社会变革，实现了一穷二白、人口众多的东方大国大步迈进社会主义社会的伟大飞跃，为实现中华民族伟大复兴奠定了根本政治前提和制度基础"[①]。此后，中国人民进行了社会主义建设的艰辛探索，展开了大规模的经济建设，电子、石油、航天、原子能等一批新兴工业逐步建立，一个落后的农业国家，已初步具有独立的、比较完整的工业体系和国民经济体系，这在中国历史上是前所未有的。1957年10月15日，作为"一五"计划重点建设项目的武汉长江大桥建成通车；1959年9月26日，黑龙江大庆油田第一口油井试喷成功，喜喷油流，我国终于摘掉了"贫油国"的帽子；1964年10月16日，我国第一颗原子弹爆炸成功；1967年6月17日，我国第一颗氢弹空爆试验成功；1970年4月24日，我国第一颗人造地球卫星"东方红一号"成功发射。需要指出的是，第一颗原子弹、第一颗氢弹的成功爆炸和第一颗人造地球卫星的成功发射，大大提升了我国的国防现代化建设水平，我国成为继美、苏、英、法之后第五个拥有核武器的国家，从此迈入军事科技大国行列。

从1950年到1977年，我国工业生产的年均增长速度为13.5%，

---

① 习近平：《在庆祝中国共产党成立100周年大会上的讲话》，《求是》，2021年第14期。

明显高于同时期苏联的 9.7%、美国的 4.5%、联邦德国的 6.9%、英国的 2.3%、法国的 5.2% 和印度的 6%。① 另据统计，1952—1978 年间，我国的工业总产值增长了 16 倍，年均增长率为 11.3%，其中重工业增长了 28 倍，年均增长率为 13.7%；工业产值占整个国民收入的比重，由 1952 年的 19.5% 上升为 1978 年的 46.8%。② 社会主义革命和建设的伟大成就，尤其是"两弹一星"的巨大成就，极大地鼓舞了中国人民的斗志，成为中国人民摘掉"东亚病夫"的帽子、挺直腰杆站起来的重要标志，中国人民从此在世界民族之林站稳了。

（三）创造了改革开放和社会主义现代化建设的伟大成就

1978 年底，党的十一届三中全会胜利召开，以邓小平同志为核心的第二代中央领导集体审时度势，创造性地作出了对内改革、对外开放的战略决策，实现了具有深远意义的伟大转折，开启了改革开放和社会主义现代化建设新时期。改革开放是一项新的事业，不仅马克思没有讲过，我们的前人没有做过，而且其他社会主义国家也没有干过，没有可供学习的现成经验，只能在实践中不断摸索，积累经验。从这个意义上讲，改革开放也是一种创造。

党的十一届三中全会之后，在解放思想、实事求是精神的鼓舞下，中国农民在党的领导下，创造性地搞起了"包产到户、包干到户"，自发实行村民自治的基层民主模式，推动乡镇企业异军突起。这三大创造，是中国人民伟大创造精神在改革开放实践中最生动、最具代表性的体现。仅从凤阳"大包干"的实践探索中，我们就可以窥见改革

---

① 参见马洪、孙尚清《中国经济结构问题研究》，人民出版社 1980 年版，第 24 页。
② 参见国家统计局主编《中国统计年鉴：1981》，中国统计出版社 1982 年版，第 206、20 页。

开放和社会主义现代化建设新时期农民的伟大创造精神。

1978年秋,由于一场百年不遇的特大旱灾,凤阳这个安徽省的穷县,农田布满裂缝,土地撂荒,农民成群结队地外流乞讨。凤阳县梨园公社小岗生产队共有18户人家,由于底子过于薄弱,尽管"包产到组"之风也刮到了小岗,但生产还是没有搞起来。生产队队长严俊昌找来副队长严宏昌和会计严立学,经过商议,决定实行"包产到户"。

1978年11月24日,严宏昌召集小岗生产队的18户农民,决定秘密实行"包产到户",如果同意,就请各户在拟好的一份条文上按手印。由于在当时实行"包产到户",要冒很大的风险,最后又在条文上补充一条:把你们的孩子抚养到18岁!18位在场的人,含着眼泪在契约上按下鲜红的手印。正是这份印有18个手印的契约,使农民获得了生产经营的自主权,摒弃了分配中长期存在的平均主义,打破了农村改革的坚冰,砸开了久久束缚广大农民的枷锁,拉开了我国农村改革的序幕。

实行土地承包后的第一年,小岗村就迎来大丰收,实现了"一季翻身""一年翻身",整个生产队的粮食总产量达13.3万斤,相当于1955年至1970年产量的总和,一举结束了20多年吃国家救济粮的历史。截至1981年底,全国九成的农村已普遍采用了这种办法。1982年1月1日,中共中央下发一号文件,总结了具有划时代意义的农村改革,肯定了我国农村正在出现的"包产到户""包干到户"等各种形式的生产责任制,都是社会主义集体经济的生产责任制。1983年1月,第二个中央一号文件《当前农村经济政策的若干问题》正式颁布,从理论上肯定了家庭联产承包责任制"是在党的领导下中国农民的伟大创造，是马克思主义农业合作化理论在我国实践中的新发展"。①

以农村改革为突破口，改革开放逐步展开，人们的思想逐步解放，改革开放又以此为基础，迈出更大步伐。我国先后在深圳、珠海、汕头和厦门设置经济特区，开放大连、青岛等14个沿海港口城市，设立海南省并建立海南经济特区；实行政社分开，建立乡镇政府，乡镇企业迅速发展起来，以国企改革为重点，城市改革渐进展开；初步形成以公有制为主体、多种所有制形式和多种经营方式并存的经济制度格局。在理论上对我国国情的认识取得重大突破，提出了社会主义初级阶段理论。党的十三大概括了改革开放以来探索取得的理论成果，并将其命名为"建设有中国特色的社会主义理论"。在改革开放的伟大实践中，中国人民在理论创新、实践探索等方面不断取得重大突破，成功开辟了一条中国特色社会主义道路。

《中共中央关于党的百年奋斗重大成就和历史经验的决议》指出，从党的十二大到十七大，经过持续推进改革开放，我国实现了从高度集中的计划经济体制到充满活力的社会主义市场经济体制、从封闭半封闭到全方位开放的历史性转变。改革开放以来，从安徽小岗的"包产到户"到创办经济特区"杀出一条血路"，从确立社会主义市场经济体制到深化党和国家机构改革，创造精神始终是改革开放进程中的重要精神特质和强劲发展动力。中国共产党带领中国人民开辟的中国特色社会主义道路，既不是其他国家社会主义实践的再版，也不是国外现代化发展的翻版，而是既坚持了马克思主义基本原理，又立足中国国情，具有鲜明的中国特色、中国气派。沿着这条正确道路，我国

---

① 《从小岗村民兵连民兵的讲述中，一起探寻18枚红手印背后的故事》，https://m.gmw.cn/baijia/2021-05/18/34852971.html，2021年5月18日。

用短短几十年的时间，走完了西方发达国家几百年走过的发展历程，创造了世界发展的伟大奇迹。

改革开放和社会主义现代化建设时期，中国共产党团结带领中国人民实行改革开放，成功开创中国特色社会主义；推进改革开放，成功把中国特色社会主义推向21世纪；加快改革开放，成功在新形势下坚持和发展中国特色社会主义。《中共中央关于党的百年奋斗重大成就和历史经验的决议》指出，改革开放是决定当代中国前途命运的关键一招，是中国共产党的一次伟大觉醒，是中国人民和中华民族发展史上的一次伟大革命。改革开放和社会主义现代化建设取得了举世瞩目的伟大成就："我国实现了从生产力相对落后的状况到经济总量跃居世界第二的历史性突破，实现了人民生活水平从温饱不足到总体小康、奔向全面小康的历史性跨越。"[①] 改革开放和社会主义现代化建设的伟大成就表明，中国人民已经从总体上告别了贫穷的状况，富了起来。

（四）创造了中国特色社会主义新时代的伟大成就

党的十八大以来，党和国家事业发生历史性变革，取得历史性成就，中国特色社会主义进入了新时代。党的十八大以来的十年，是党和国家事业发展进程中极不寻常、极不平凡的十年，面对世所罕见的形势环境，以习近平同志为核心的党中央以伟大的历史主动精神、巨大的政治勇气和强烈的责任担当，统筹国内国际两个大局，把新时代中国特色社会主义不断推向前进，创造了新时代中国特色社会主义的伟大成就，成功推进和极大拓展了中国式现代化，实现中华民族伟大

[①]《中共中央关于党的百年奋斗重大成就和历史经验的决议》，《人民日报》，2021年11月17日第1版。

复兴进入了不可逆转的历史进程。

习近平总书记在深刻阐述民族精神时,第一个提到的就是伟大创造精神。中国特色社会主义新时代的一系列伟大成就,莫不与中国人民的伟大创造精神紧密相关。十年来,在习近平新时代中国特色社会主义思想指导下,中华民族正处于一个超过以往任何时候的伟大时代,一个不断创造出令世人惊叹的伟大奇迹的时代。

我们可以试问自己一个问题:每一分钟,中国正在发生什么?

即便是在几年前的 2018 年 3 月,每一分钟里,中国人民都在创造着伟大奇迹[①]:

> 一分钟,33 个新生儿诞生;
>
> 一分钟,20 个新的家庭组建;
>
> 一分钟,26 人走上工作岗位;
>
> 一分钟,35217 名旅客出行;
>
> 一分钟,移动互联网接入流量 46804G;
>
> 一分钟,网上商品零售 1043 万元;
>
> 一分钟,快递小哥收发 7.6 万件快递;
>
> 一分钟,移动支付金额 3.79 亿元;
>
> 一分钟,蛟龙号最大能下潜 50 米;
>
> 一分钟,复兴号前进 5833 米;
>
> 一分钟,"神威·太湖之光"运算 750 亿亿次;
>
> 一分钟,333 万元投入研究和试验;

---

① 《国家形象系列宣传片:中国一分钟》,http://www.cac.gov.cn/2018-03/05/c_1122489811.htm,2018 年 3 月 5 日。

一分钟，生产汽车 55 辆；

　　一分钟，5288 万元货物进出口；

　　一分钟，创造 GDP（国内生产总值）1.57 亿元。

……………

　　中国的每一分钟，都在发生巨大的改变，这在几十年之前是无法想象的。中华人民共和国成立之初，我国的国民生产总值只有区区 100 多亿美元，重工业几乎为零，轻工业只有少数的纺织业。毛泽东同志曾感叹道："现在我们能造什么？能造桌子椅子，能造茶碗茶壶，能种粮食，还能磨成面粉，还能造纸，但是，一辆汽车、一架飞机、一辆坦克、一辆拖拉机都不能造。"[①] 党的十八大以来，我国的天宫、蛟龙、天眼、悟空、墨子、国产大飞机等国之重器相继问世，中国创造正在快速地改变着中国，也深刻地影响着世界。

　　习近平总书记在党的二十大报告中指出，十八大召开以来的十年，"我们经历了对党和人民事业具有重大现实意义和深远历史意义的三件大事：一是迎来中国共产党成立一百周年，二是中国特色社会主义进入新时代，三是完成脱贫攻坚、全面建成小康社会的历史任务，实现第一个百年奋斗目标。这是中国共产党和中国人民团结奋斗赢得的历史性胜利，是彪炳中华民族发展史册的历史性胜利，也是对世界具有深远影响的历史性胜利"。[②] 十年来，以习近平同志为核心的党中央

[①]《毛泽东文集》第 6 卷，人民出版社 1999 年版，第 329 页。

[②] 习近平：《高举中国特色社会主义伟大旗帜　为全面建设社会主义现代化国家而团结奋斗》，《求是》，2022 年第 21 期。

团结带领中国人民，经受住了来自政治、经济、意识形态、自然界等方面的风险挑战，取得了一系列突破性进展和标志性成果，推动我国迈入全面建设社会主义现代化国家新征程，向党和人民交出了一份优异的时代答卷。

十年来，我国经济实力实现历史性跃升，国内生产总值从54万亿元增长到114万亿元，稳居世界第二位；载人航天、探月探火等高科技领域不断取得重大成果，推动我国进入创新型国家行列；天更蓝、山更绿、水更清，人民群众感受到了更加充实、更可持续的获得感、幸福感、安全感。中国特色社会主义新时代的伟大成就使中国人民实现了从富起来到强起来的伟大飞跃。

第三章
自强不息的伟大奋斗精神

中国人民是具有伟大奋斗精神的人民。在几千年历史长河中,中国人民始终革故鼎新、自强不息,开发和建设了祖国辽阔秀丽的大好河山,开拓了波涛万顷的辽阔海疆,开垦了物产丰富的广袤粮田,治理了桀骜不驯的千百条大江大河,战胜了数不清的自然灾害,建设了星罗棋布的城镇乡村,发展了门类齐全的产业,形成了多姿多彩的生活。中国人民自古就明白,世界上没有坐享其成的好事,要幸福就要奋斗。今天,中国人民拥有的一切,凝聚着中国人的聪明才智,浸透着中国人的辛勤汗水,蕴含着中国人的巨大牺牲。我相信,只要13亿多中国人民始终发扬这种伟大奋斗精神,我们就一定能够达到创造人民更加美好生活的宏伟目标!

——2018年3月20日,习近平总书记在第十三届全国人民代表大会第一次会议上的讲话

在中华文化里,人被认为应当自强不息、积极进取、刚健有为,所谓"天行健,君子以自强不息""日新之谓盛德"。生生不息,是宇宙的根本法则,也是天道。著名作家冰心曾写下诗一般的警句:"成功

的花儿，人们只惊羡它现时的明艳！然而当初它的芽儿，浸透了奋斗的泪泉，洒遍了牺牲的血雨。"正是因为经历了非凡的奋斗，中国人民才在这片中华沃土谱写了辉煌的历史，创造了灿烂的文化，开拓和建设了祖国的美好家园。

一、伟大奋斗精神的核心要义

2018年2月14日上午，中共中央、国务院在人民大会堂举行2018年春节团拜会，习近平总书记在团拜会上发表的重要讲话中指出："奋斗本身就是一种幸福。只有奋斗的人生才称得上幸福的人生。奋斗是艰辛的，艰难困苦、玉汝于成，没有艰辛就不是真正的奋斗，我们要勇于在艰苦奋斗中净化灵魂、磨砺意志、坚定信念。奋斗是长期的，前人栽树、后人乘凉，伟大事业需要几代人、十几代人、几十代人持续奋斗。奋斗是曲折的，'为有牺牲多壮志，敢教日月换新天'，要奋斗就会有牺牲，我们要始终发扬大无畏精神和无私奉献精神。奋斗者是精神最为富足的人，也是最懂得幸福、最享受幸福的人。"[①] 在此次团拜会上的重要讲话中，习近平总书记先后22次提到"奋斗"一词，并饱含深情地阐述了"奋斗"的核心要义：奋斗是艰辛的，奋斗是长期的，奋斗是曲折的。习近平总书记关于奋斗的重要论述，体现了鲜明的"奋斗幸福观""奋斗价值观"和"奋斗信念观"，具有重要的价值引领作用。

---

① 习近平:《在2018年春节团拜会上的讲话》，http://www.gov.cn/xinwen/2018-02/14/content_5266872.htm，2018年2月14日。

（一）宝贵的牺牲精神

1967年6月17日上午8时20分，徐克江机组驾驶轰六甲型战机，在新疆罗布泊区域上空投下了一个降落伞。降落伞徐徐落下，随后，沉寂的戈壁大漠上空，瞬间燃起两个巨大的火团，紧接着的一声巨响，宣告了我国第一颗氢弹空投爆炸试验成功。这是"两弹元勋"邓稼先毕生难忘的时刻，为了这一激动人心的时刻，邓稼先度过了整整28年隐姓埋名的日子。

邓稼先1924年生于安徽怀宁的一个书香门第，1950年8月，26岁的邓稼先获得美国普渡大学物理系博士学位，被称为"娃娃博士"。取得博士学位后的第九天，邓稼先就登上了美国的"威尔逊总统"号轮船，于1950年国庆前夕回到了祖国的怀抱，担任中国科学院近代物理研究所助理研究员，从事原子核理论研究。

邓稼先于1958年接受国家最高机密任务——秘密研制原子弹，被秘密任命为我国原子弹研制项目的理论设计负责人。当得知自己将去执行秘密任务时，他告诉妻子许鹿希："我的生命从此就献给未来的工作了，做好了这件事，生命就有意义，就是为它死了也值得。"[1]回到家里，他告诉妻子，自己要调动工作，不能照顾家人了。妻子问他是什么工作、去多久，他表示都不能说，就连妻子能不能给他写信，都很难说。从此，在严格警卫的大院和茫茫的大漠戈壁，邓稼先从事着核研究的秘密工作，在刊物和对外联络中，他的名字都消失了。这一走，便是28年，就连妻子和孩子，也不知道他到底在从事什么工作。

在茫茫戈壁隐姓埋名的28年间，邓稼先亲历了32次核试验，其

---

[1] 参见《55年前的今天，中国发生了一件让全世界震惊的大事！》，https://rmh.pdnews.cn/Pc/ArtInfoApi/article?id=8400008，2019年10月16日。

中亲自指挥15次。在一次空投核弹试验中，由于降落伞没有打开，核装置直接摔向地面。为了尽快确定核弹落点，在第一时间找出故障原因，邓稼先不顾自身安危和同事劝阻，只身奔向现场的辐射核心区，双手捧起含有大量放射物的核心部件，仔细观察分析，坚持自己组装设备，并命令助手们不要靠近。此前，邓稼先已经受到常年的辐射伤害，但这一次的伤害是致命的，在随后的体检中，他的体内被查出含有大量放射性物质。

直到28年后的1986年，"邓稼先"这个名字才被公开，他的感人事迹和伟大贡献才被大众所熟知。也是在28年后的1986年，他们夫妻二人得以再度重逢，邓稼先却因为核辐射身患重病，一年之后，在妻子的怀中离开人世。

我最念的爱妻慧根：

你夫阿器遗言，六月廿八日。

"为求主义实现而奋斗，为谋民众利益而牺牲"。自我立志革命，参加实际工作以来，这二句以（已）成誓词，……革命分子如无肯牺牲，革命是没有成功的日子。我是为大多数人谋利益而牺牲，我的革命目的达到了。惟是对你很对不住，因为数年与你艰艰苦苦，我用全副精神为革命而努力，没有和你享过一日的安闲快乐的日子。我们夫妻可谓因国而忘家，为公而忘私！你虽然体量（谅）我，而我终是觉得对不住呢。

亲爱的慧根！我和你做夫妻是生生世世的，在精神，不在形体。我苟牺牲了后，你应紧记着我的遗嘱，那我就瞑目了：

（一）不要悲伤损害你的身体，打起精神来继续我的遗志！

（二）打破旧礼教，用锐利眼光细心考察，找有良心，富于革命性的男性，和你共同生活，就是我的好朋友也不妨，但是总要靠得住，能继续我的遗志，就好了。

（三）觉权设法教育他，引导他继续我的革命事业，勿致他堕落，跑反革命那条路上去，这是你要负责任的啊！

（四）所有的书籍以及各像（相）片要保存着，给与觉权，做革命遗教。

（五）我狱中抄二本薄，一是《冤墨》一是《磨筋录》，我所经过的事略及入狱的原委均书明。

慧根呀！我不忍说了，继我志呵！继我志呵！①

以上是 1927 年 6 月 28 日，临刑前的王器民在江门市监狱写给妻子高慧根的家书。高慧根原籍海南琼山县，是广东早期妇女运动的先驱，也是一位坚定的革命者。1920 年夏，为了宣传马克思主义，王器民打算在海口创办报纸，后经多方努力，1921 年 4 月 7 日，王器民担任编辑兼杂务的《琼崖旬报》在海口出版，大力宣传爱国主义和反帝反封建。1922 年，由吴明介绍，王器民加入中国共产党，投身党的宣传教育工作。1927 年，上海发动"四一二"反革命政变，广东的反革命派随之发动"四一五"政变，王器民被捕，在狱中，他写下《冤墨》《磨筋录》两本书简，无情地揭露和批判了国民党反动派。1927 年 7 月初，王器民被敌人杀害于广东江门，时年 35 岁。

---

①《海南红色家风 | 王器民致妻子遗书：打起精神来继续我的遗志》，http://m.people.cn/n4/2021/0826/c1428-15164755.html，2021 年 8 月 26 日。

陶：

　　余在琼已直认不讳，日内恐即将判决；余亦即将与你们长别。在前方，在后方，日死若干人，余亦其中之一耳。死后勿为我过悲。惟望善育吾儿，你宜设法送之返家中，你亦努力谋自立为要。死后尸总会收的，绝不许来，千嘱万嘱。

勋

九·十四[①]

　　以上是中国共产党早期领导人李硕勋于 1931 年 9 月在海南英勇就义前，给妻子赵君陶留下的绝笔。字里行间，可以看出李硕勋烈士视死如归的英雄气概，以及对于革命事业的满腔热血。李硕勋就义时，妻子腹中还怀着女儿，儿子仅仅 3 岁。为了纪念李硕勋为琼崖革命事业作出的牺牲，后来赵君陶给女儿取名为"琼"，并独自将儿女培养成才，告慰了遗书中那句"惟望善育吾儿"的殷殷嘱托。

　　1936 年 8 月 2 日，时任东北人民革命军第三军第二团政委的赵一曼，在牺牲前的最后一刻，留下了这样一段话：

宁儿：

　　母亲对于你没有尽到教育的责任，实在是遗憾的事情。母亲因为坚决地做了反满抗日的斗争，今天已经到了牺牲的前夕了！母亲和你在生前是永远没有再见的机会了。希望你，宁儿啊！赶

[①]《中国共产党早期领导人李硕勋：在琼留下绝笔慷慨赴死》，《海南日报》，2021 年 5 月 24 日。

快成人，来安慰你地下的母亲！我最亲爱的孩子啊！母亲不用千言万语来教育你，就用实行来教育你。在你长大成人之后，希望你不要忘记你的母亲是为国而牺牲的！①

一九三六年八月二日

你的母亲赵一曼于车中

那天，赵一曼被押上开往刑场的火车。在生命的最后时刻，作为母亲的赵一曼，心里最放心不下的，就是她唯一的儿子宁儿（即陈掖贤，为赵一曼和陈达邦唯一的孩子）。她写下这封遗书后，便英勇就义，年仅 31 岁。这份遗书是在日军的审讯档案记录里找到的，21 年后的 1957 年，才传到宁儿手里。赵一曼原名李坤泰，笔名李一超，她在东北从事秘密工作时，才化名为赵一曼，由于赵一曼这个名字一直伴随着她到生命结束，因而是最广为人知的。知道赵一曼就是自己的母亲之后，宁儿曾专程前往东北烈士纪念馆，抄下了这封被译为中文的遗书。据赵一曼的孙女回忆，她的父亲抄完这封遗书之后，用钢笔在自己手上刺了"赵一曼"三个字，直到去世，那三个字还留在他的手上。

1948 年 10 月，在攻取义县的战斗中，东北野战军炮兵司令员朱瑞（被誉为我军炮兵之父）在前线不幸触雷，壮烈牺牲，时年 43 岁。而就在 7 年前的 1941 年 11 月 26 日，朱瑞的妻子陈若克和未满月的女儿，已被日军用刺刀残忍杀害，陈若克时年 22 岁。1941 年 11 月，日

---

① 《赵一曼遗产仅一封信 遗憾未对儿子尽到教育责任》，https://www.chinanews.com/cul/2013/10-08/5351671.shtml，2013 年 10 月 8 日。

本侵略者对山东沂蒙山抗日根据地进行大规模扫荡。11月7日，怀有8个多月身孕的陈若克行动不便，在突围作战中不幸被俘，两天后，她在狱中产下一名婴儿。1941年11月26日，日寇用刺刀残忍杀害了陈若克母女，未曾满月的小婴儿死在了母亲的怀抱里。① 后来，当地群众偷偷收殓了陈若克母女，装进一大一小两副棺材。在葬礼上，朱瑞悲痛欲绝，他瞻仰了陈若克烈士的遗容，还想看看那个小小的棺材，周围的战士和群众死死地拉住了他。直到1948年10月朱瑞牺牲，他也不曾见过小小棺材里女儿的模样。

中央红军开始长征时，有86000人，长征结束时，仅剩不足6000人。哈里森·索尔兹伯里在《长征——前所未闻的故事》一书中认为，计算数字并没有多大意思，这是用热血和勇气谱写的史诗，这种传奇式的牺牲精神是中国革命赖以成功的基础，中国革命将从这些奋斗牺牲的传奇故事中汲取无尽的力量。正如习近平总书记所言，没有艰辛就不是真正的奋斗。真正的奋斗，总是伴随着艰难困苦，甚至要付出超乎常人想象的巨大牺牲。宝贵的牺牲精神，是奋斗的代名词，也是奋斗的应有之义。

（二）强烈的担当意识

赵世炎是著名的工人运动领袖、杰出的无产阶级革命家、中国共产党的创始人之一，为了人民的独立和解放事业，他丝毫不考虑个人的利益得失，献出了27岁的年轻生命，以强烈的担当意识和无畏的斗争气魄，在我党历史上书写了不朽的光辉篇章。

1901年4月13日，赵世炎出生于重庆酉阳。赵世炎将"奋斗"

---

① 参见《陈若克：战士、母亲、英雄》，http://www.xinhuanet.com/politics/2019-01/01/c_1123932773.htm，2019年1月1日。

二字奉为人生的第一要义,并认为"不奋斗,何以为人也"。为了寻求救国救民的真理,不到20岁的赵世炎远渡重洋,赴法国勤工俭学,他与周恩来等一起,于1920年至1921年间建立了旅法共产主义小组和旅欧中国少年共产党,并担任旅欧中国少年共产党书记,在旅欧中国共产党组织的创建中发挥了极其重要的作用。在赵世炎的领导下,旅欧中国少年共产党努力传播马克思主义,组建"马克思主义研究会",并连续出版了13期机关刊物《少年》。1924年至1926年间,他撰写了70多篇宣传马克思主义的文章,产生很大影响。在担任中共江浙区委组织部部长期间,他发动和组织工人,进行了一百多次罢工斗争。

1927年3月21日,中共上海区委发动上海工人第三次武装起义,并取得成功,赵世炎是主要领导人之一。3月22日,第二次市民代表大会召开,成立上海特别市临时市政府(即上海市民政府),这是大革命时期中国工人运动的伟大创举,也是中国共产党领导下最早由民众在大城市建立起来的革命政权,成为北伐战争时期工人运动发展的最高峰。1927年7月2日,由于叛徒的出卖,赵世炎不幸被捕,于7月19日英勇就义,年仅27岁。

赵世炎用革命的、战斗的一生,忠实践行了"奋斗为人生第一要义"的铮铮誓言。2009年,赵世炎被中央宣传部、中央组织部等11个部门评为"100位为新中国成立作出突出贡献的英雄模范人物"。[①]

一个时期有一个时期的历史任务,一代人有一代人的历史责任,担当意识作为人们直面风险挑战、战胜艰难险阻的强大精神力量,彰

[①] 参见石伟《赵世炎:以奋斗"为人生第一要义"》,《学习时报》2021年11月5日。

显着主动应对风险挑战的坚定执着,体现为舍我其谁、不懈奋斗的拼搏干劲。

《孟子·告子下》中,有这样一句耳熟能详的警句:"天将降大任于是人也,必先苦其心志,劳其筋骨,饿其体肤,空乏其身,行拂乱其所为,所以动心忍性,曾益其所不能。"就是说,将要成就一番大事业的人,其内心和身体都要经受一番苦难和磨炼,以此来使他们内心警觉,性格坚定,增长才干。只有经受过挫折,经历过苦难,在艰苦的环境中摔打磨砺,才能自强不息、奋发有为。

习近平总记回忆起自己在陕北梁家河度过的七年知青岁月时,曾经动情地说:"七年上山下乡的艰苦生活对我的锻炼很大。让我懂得了什么叫实际,什么叫实事求是,什么叫群众。这是让我获益终生的东西。"[①]1974年1月,习近平刚刚当选为梁家河大队党支部书记,经过仔细考虑和反复研究,他认为发展沼气,不仅可以解决农村能源问题和农业肥料问题,又可以提高粮食产量和农村公共卫生水平。为此,他步行40多里路赶到县城,向县委汇报自己的建议以及想去四川学习的想法,之后前往成都郊县、沼气科研单位等地,进行实地考察学习。习近平带领乡亲们克服重重困难,终于在1974年7月中旬建成了一个容量约8立方米的沼气池,这是延川县,同时也是陕西省建成的第一口沼气池。

(三)坚韧的意志品质

《周易·乾卦·象辞》中指出:"天行健,君子以自强不息。"意思是说,天按照一定规律运动,刚劲强健;君子为人处世,也应法天,

[①]《习近平自述:七年上山下乡对我锻炼很大》,http://www.news.china/domestic/945/20141129/19026700_all.html,2014年11月29日。

运行不息，修德敬业，不断进步，尤其要发愤图强，刚毅坚卓，不屈不挠，永不停息。北宋大儒张载（1020年—1077年）在其名篇《西铭》一文中曾说："富贵福泽，将厚吾之生也；贫贱忧戚，庸玉汝于成也。"同样告诫人们，要成功，就必须经过艰难困苦的考验。

"古之立大事者，不惟有超世之才，亦必有坚忍不拔之志。"千百年来，中国人民始终铭记一个朴素的道理：要幸福就要奋斗。无论是在哪个领域、哪个岗位，要想使人生更出彩、生活更美好，都离不开坚忍不拔、脚踏实地的奋斗。坚韧顽强的意志品质，是成就一番事业的必备条件，也是奋斗精神的核心要义。轻轻松松的敲锣打鼓、游山玩水，半途而废的浅尝辄止、蜻蜓点水，不是真正的奋斗，奋斗是为了实现一定目标而进行的努力斗争，是一种自强不息、百折不挠的劳作过程，是保持进步、获得尊严的必由之路。

歌德曾说："只有两条路可以通往远大的目标：力量与坚韧。力量只属于少数得天独厚的人；但是苦修的坚韧却艰涩而持续，能为最微小的我们所用，且很少不能达成它的目标。"方志敏是我国伟大的无产阶级革命家、军事家，杰出的农民运动领袖。1935年，他在北上途中遭到敌人的围困，七天没有吃饭，但他以坚韧的意志顽强地忍受了下去。方志敏在《我从事革命斗争的略述》一文中写道："我们是为着主义的信仰，阶级的解放，抱定了斗争到底的决心，所以生活虽然痛苦，而精神还是非常愉快的。愈艰苦，愈奋斗！愈奋斗！愈快乐！……我总是独自细声地自语：吃不得苦，革不得命，苦算什么，愈苦愈要干，愈苦愈快乐。"①

---

① 中共江西省委党史资料征委会编：《方志敏文集》，江西人民出版社1985年版，第50页、第100页。

恩格斯曾经指出，"一个知道自己的目的，也知道怎样达到这个目的的政党，一个真正想达到这个目的并且具有达到这个目的所必不可缺的顽强精神的政党，——这样的政党将是不可战胜的。"[1] 在社会主义革命、建设、改革时期，成就伟业从来都不是一件享福的事情，必须有吃苦耐劳、坚持到底的顽强意志。长期的革命斗争实践中，中国共产党形成了艰苦奋斗的优良传统，并将之视为至关重要的"传家宝"。正是凭借艰苦奋斗的优良传统和坚韧顽强的意志品质，中国共产党团结带领中国人民战胜各种艰难险阻，取得了革命、建设和改革的一个个伟大胜利。

一切伟大的成就，都是奋斗出来的，奋斗是中华儿女和中国共产党人的鲜明底色，也是一个永不褪色的主题。我们的事业，是一点一滴干出来的；我们的道路，是一步一个脚印走出来的。只有经由不懈奋斗而收获的幸福，才是感受最强烈、体会最深刻的幸福。新时代是奋斗者的时代，只有砥砺坚韧意志，激发奋斗精神，才能攻克重重难关，创造人间幸福，实现中华民族伟大复兴的中国梦。

二、伟大奋斗精神的历史底蕴

几千年的中华人文历史中，中国人民始终推崇人的主体性，提倡刚健有为的奋斗精神和不屈不挠的拼搏意识，相信我命在我不在天，命运掌握在不断拼搏进取的人手中。中国人民的伟大奋斗精神，深深根植于博大精深的中华文明，生动勃发于火热的社会实践，是中华民族立于世界民族之林的力量之源。

---

[1]《马克思恩格斯全集》第39卷，人民出版社1974年版，第139页。

马克思说过,神话是人类童年的梦。对于生存环境恶劣、认知能力低下的古代先民来说,他们要存活下去,内心深处需要得到大自然的恩赐和群体首领的护佑。于是,中华先民们对日月山川动植物等自然万物、部族首领与英雄进行神化,由此产生了神话。实际上,产生于文明史源头的神话所记录下来的历史,总是习惯把大范围的时空信息压缩到一个时段或一些人物身上,这些历史信息并非英雄人物的个人行迹,而是整个民族生活的折射和诗化。作为口头传说,神话比文字的产生要早得多,民间影响也大得多。神农尝百草、愚公移山、精卫填海等中国古代神话故事,经过人们几千年的口耳相传,它们所蕴含的丰富的奋斗精神,已深深融入中国人民的血液之中,成为中国人民的"精神图腾"和情感寄托。

神话传说折射了人类早期原始的意识形态,是"民族精神最集中、最本色的闪光,是民族文化最悠久古老、最顽强健壮的生命之根,也是民族文化的本质特征所在"[1]。通过分析研究古代神话,可以追溯到中华民族精神的起源。

(一)神农尝百草的牺牲精神

神农尝百草,说的是上古三皇五帝之一的神农氏,因为具有特殊的牛头人身的外形和勤劳勇敢的精神品质,被人们推为部落首领。因为他的部落居住在炎热的南方,称炎族,故又称他为炎帝。远古时期,百姓以采食野生瓜果、生吃动物蚌蛤为生,腥臊恶臭伤腹胃,经常有人受到毒害而染病身亡,人们的寿命普遍很短。为了"宣药疗疾",救夭伤人命,使百姓延年益寿,炎帝神农氏跋山涉水,行遍三湘大地,

---

[1] 潘世东、邱紫华:《文化哲学视野下的中、希神话之比较》,《湖北民族学院学报(哲学社会科学版)》,2001年第2期。

尝遍百草，了解百草的平毒寒温之药性。为了找寻治病解毒良药，他几乎嚼尝了所有植物，"一日遇七十二毒"。在尝草的过程中，神农识别了百草，发现了具有攻毒祛病、养生保健作用的中药。由此，民有所"就"，不复为"疾病"，故神农被先民封为"药神"。

相传中医四大经典著作之一的《神农本草经》，就是由神农氏族所作。该书是对中国中医药的第一次系统总结，其中提出的大部分中药学理论，以及"七情和合"原则，在古代中国几千年的用药实践中发挥了巨大作用，是中医药药物学理论发展的源头。《神农本草经》不仅搜集了大量的药物，还对药物进行了分门别类的整理，根据药物的性能功效，将365种药物分为上、中、下三类，被称为"三品分类法"。在明代李时珍的《本草纲目》成书之前，《神农本草经》一直被视为我国古代最为权威的医学著作。

在漫长的人类历史进程中，神农尝百草之初，也许原非采药，而是古人向百草获取食物的最初情景和手段，但求良品，以养众生。偶然吃到大黄而腹泻，吃到麻黄而出汗，吃到车前而尿液增多，吃到藜芦而呕吐且胸闷消失，如此等等。数千年来，我们的祖先反复尝试这些自然资源，逐步意识到，植物与人体不适之间存在着种种规律性的关联，于是开始建立原始的医药学雏形，并且有了系统的文字记载。如《周礼》中记载有草、木、石、虫、谷等五药;《诗经》有葛、苓、芍药、蒿、芩等药物记载50余种;《山海经》记述的药物数量更多，竟多达146种，其中植物类59种，动物类83种，矿物类4种，可以医治数十种疾病，还详细记载了食、服、浴、佩戴、涂抹等多种用药方法。

我们的先人从食五谷，饮山泉，宿岩洞，结绳草，一路走来，繁衍不息地生活着，之所以能够取得辉煌的成就、创造灿烂的文明，靠的就是敢于尝试的精神和善于发现的智慧。神农尝百草的神话故事，体现了古人敢于尝试、勇于探索、不怕牺牲的伟大精神，永远值得我们学习。

（二）愚公移山的奉献精神

愚公移山，讲述了愚公不畏艰难、坚持不懈、挖山不止，最终感动天帝而将家门口两座大山搬走的故事。前段时间，愚公移山的故事突然在网络上火了起来，一是因为上海一名15岁的中学生的文章[①]，二是因为美国哈佛大学神学院教授大卫·查普曼的讲座[②]。以下是这位中学生文章的主要内容：

> 相信很多同学读完《愚公移山》后，一定和我一样有个疑惑：愚公为什么不搬家呢？不过我知道，中考命题组一定认为此文赞扬了古代劳动人民的智慧与勤劳，我们也就打消了这个念头。但既然有这个机会，我就来谈谈我的真实想法。
>
> 第一，愚公有了想法就坚定不移地去实行，真的是一件值得赞美的事吗？当年法国世博会征集建筑方案时有这么一个提议：用石头建造一个三百米高的石塔，因为石材美观，也体现了法国悠久的历史。但如果法国当时真的采纳了这个建议，著名的埃菲尔铁塔便不会被建造。因为石料达到几十米的高度之后，底层便

[①]《如果问你是否同意〈愚公移山〉从中学课文删除，你该如何回答？》，http://www.xiyuwen.com/Article/6229，2020年9月21日。

[②]《哈佛大学教授详谈中国神话，揭开中国一直强大的真相！网友：颠覆认知》，https://3g.163.com/dy/article/FUU9K3CH05436A8L.html，2020年12月28日。

会开始碎裂,想要造一个三百米的石塔是根本不可能的。同样,把山从家门口移开与建造石塔一样,是个诱人的想法,但愚公稍微动动脑筋便会发现,一家人要把山挖完,一千年的时间都不够啊!这样也许他就会放弃这个念头。由此观之,周密的计划比坚定的信念更为重要!

第二,我认为此文部分反映了为何工业革命后我国会远远落后于西方的原因。当面对巨大的工程,愚公想到的是多生孩子,而不是改善工具,否则中国很可能会是挖掘机的发明国。……我们有太多繁荣是靠着人海战术和有着不可思议坚忍心的人民的血肉换来的。这是一个用"人均数"来竞争的时代,这也是一个科学技术空前发展的时代,如果我们还在用《愚公移山》这样的课文来教导下一代,认为依靠着"人多"以及"坚定的信念"就能解决一切问题,这将是我们最大的悲哀。

所以,我支持从课本中移出《愚公移山》一文。

以下则是美国哈佛大学神学院教授大卫·查普曼的讲座内容:

在我们的神话里,火是上帝赐予的;希腊神话里,火是普罗米修斯偷来的。而在中国的神话里,火是他们通过钻木,坚韧不拔地摩擦出来的!这就是区别,他们用这样的故事告诫后代,与自然作斗争!(钻木取火)

面对末日洪水,我们在挪亚方舟里躲避;但中国人的神话里,他们的祖先战胜了洪水。看吧,仍然是斗争,与灾难作斗争!(大禹治水)

如果你们去读一下中国神话，你会觉得他们的故事很不可思议。抛开故事情节，找到神话里表现的文化核心，你就会发现，只有两个字：抗争！假如有一座山挡在你的门前，你是选择搬家还是挖隧道？显而易见，搬家是最好的选择。然而在中国的故事里，他们却把山搬开了（愚公移山）！可惜，这样的精神内核，我们的神话里却不存在，我们的神话是听从神的安排。

中国人的祖先用这样的故事告诉后代：可以输，但不能屈服。中国人听着这样的神话故事长大，勇于抗争的精神已经成为遗传基因，他们自己意识不到，但他们会像祖先一样坚强。因此，你们现在再想到中国人倔强的不服输精神，就容易理解多了，这是他们屹立至今的原因。

中学生的文章和大卫教授的讲座视频被传到社交网站之后，引发了国内外网友的激烈讨论。"坚强、倔强、不屈服"，应该说，这位美国教授比某些中国人更了解中华文化，解读中华民族的性格特征也比较到位。网友们普遍认为，中学生思考问题时，有特立独行的角度，本身是一件好事，反映了年轻一代中学生的独立思考精神。但曲解愚公移山的本质和精神，并支持从中学课本中将其删除，则引起广大网友的深深担忧。

通过中外神话故事的对比，我们可以清晰地发现：在中华民族的血脉里，延续着自强不息的奋斗精神，流淌着英雄主义的伟大基因。在面对各种自然灾难、恶劣生活环境、艰难的生存挑战时，中华民族的先民不是被动地等待神灵的拯救，而是充满抗争勇气和奉献精神，通过抗争和奉献，最终改变自己的命运。

中国人民曾经"三岁一饥,六岁一衰,十二岁一荒",在五千年历史长河中经历了风风雨雨,可谓多灾多难。中华民族遭受的自然灾害,根据邓云特的统计,从公元前1766年(商汤十八年)到公元1937年的3700多年里,水灾1058次、旱灾1074次、蝗灾482次、雹灾550次、风灾518次、疫灾261次、地震705次、霜雪203次,还有不明灾情的饥馑407次,共计5258次,平均不到7个月就有一次灾荒发生,频率极高。① 根据对明清时期死亡万人以上灾害所作的统计,旱、涝、风雹、冻害、潮灾、山崩、地震等灾害,明代共370次,共计死亡627.4502万人,清代共413次,共计死亡5135.1547万人。明清两代,死亡万人以上的灾害合计783次,死亡人数合计5762.6万余人。② 中国人民曾经饱经磨难,然而,多灾多难的中国人民并未因此而消沉、衰退或消亡,反而在迎战灾害的过程中越战越勇,培养了历久弥坚的精神意志,成就了中华民族源远流长的历史,成为世界上26种文明形态中唯一没有断流、没有消亡的文明。

(三)精卫填海的抗争精神

悠悠华夏,神传不绝。精卫填海,是中国上古神话传说之一,出自《山海经·北次三经》,是中国远古神话系列中最负盛名,也是最为感人的神话故事之一。

炎帝小女名曰女娃,游于东海,溺而不返。死后的女娃因为悲痛与不甘,化作一只花脑袋、白嘴壳、红爪子的神鸟,发出"精卫、精卫"的悲鸣,每天从山上衔来草木和石头,投入东海,欲把东海填平,

---

① 参见邓云特:《中国救荒史》,北京出版社1998年版,第56页。
② 参见陈玉琼、高建国《中国历史上死亡一万人以上的重大气候灾害的时间特征》,《大自然探索》,1984年第4期。

以免后人再次遭遇水难。尽管大海难填,但她依旧往复奋飞,从未停歇。人们为小鸟的勇敢和决心而感动,称它为"志鸟""誓鸟""冤禽"或"帝女雀"。直到今天,在东海边还可以找到"精卫誓水处"。这则神话故事刻画了英勇顽强的精卫形象,表达了古代劳动人民探索自然、征服自然的强烈愿望和不畏艰难、治理水患的奋斗精神。

作为一只小鸟,精卫与无垠的大海相比,相差实在悬殊,但它不断衔来木石,试图填平大海的努力抗争精神,让人们感动不已。与中国古代的其他神话相比,精卫填海的故事显得十分不同:女娃没有像其他神话人物一样,获得圆满的结局。这只小鸟能否成功地填平东海,没人知道,我们只是知道,它依旧选择坚持。正是这样一种结局,淋漓尽致地体现了精卫小鸟的精神气概和抗争意识,成为中国人民长久以来不断歌颂的宝贵品质。

晋代诗人陶渊明以"精卫衔微木,将以填沧海"的诗句,赞颂精卫小鸟以弱抗强,敢于向大海抗争的悲壮之美,赞颂精卫小鸟每日衔运西山上的木石泥土填埋东海的远大志向,更为她"不可为而为之"的精神而震撼。顾炎武作《精卫》诗以自励:"万事有不平,尔何空自苦?长将一寸身,衔木到终古?我愿平东海,身沉心不改!大海无平期,我心无绝时。"诗人以对话、问答的形式,让精卫反复鸣唱,使其光辉的精神特质得到了充分的展现。后人常用成语"精卫填海"来比喻志士仁人不忘既定目标,为了事业而顽强执着、坚忍不拔、奋斗到底的精神,这种精神成为中国人民伟大奋斗精神的象征。

此外,《山海经·海外西经》中记载的"刑天舞干戚"的故事,同样令人震撼。"刑天与帝争神,帝断其首,葬之常羊之山,乃以乳为目,以脐为口,操干戚以舞。"刑天是炎帝的战将,武艺高强,勇猛善战，在炎黄两帝的战争中贡献巨大。炎帝在阪泉战败，退居于南方，刑天不甘心，他联合蚩尤部落对抗黄帝。蚩尤兵败被杀，刑天也被黄帝斩下头颅，葬于常羊之山。但刑天魂魄不灭，竟以乳为目、脐为口，手执干戈漫舞。刑天是一位敢于反抗的人物，虽然他的反抗以失败而告终，但他顽强的斗志给后人留下了深刻的印象，这位遭遇失败却不放弃反抗的断头英雄，其奋斗不懈的"猛志"较之逐日的夸父，更加具有震撼人心的力量。

"精卫填海""开天辟地""夸父逐日"……当我们仔细思考这些从小就耳熟能详的神话故事，抛开故事情节而探寻价值核心时，就会发现，中国神话只有一种精神：奋斗。天破了，女娲炼石，泣血补苍天；疾病肆虐，神农以身试药，尝遍百草。这种奋斗精神，正是中华民族区别于世界其他民族的独特之处。灾难面前，西方人的传说是"挪亚方舟"，我们祖先的故事是"精卫填海""愚公移山"，这就是伟大的民族精神。我国古代神话里的奋斗精神，潜移默化地影响、塑造着一代又一代的中华儿女。

三、伟大奋斗精神的百年实践

2021年7月1日，习近平总书记在庆祝中国共产党成立100周年大会上的重要讲话中指出："一百年前，中国共产党的先驱们创建了中国共产党，形成了坚持真理、坚守理想，践行初心、担当使命，不怕牺牲、英勇斗争，对党忠诚、不负人民的伟大建党精神，这是中国共产党的精神之源。"①2021年9月，中共中央批准了中央宣传部梳理的第一批纳入中国共产党人精神谱系的46种伟大精神，并于中华人民共和国成立72周年之际予以发布。以伟大建党精神为源头的第一批中国共产党人精神谱系，集中彰显了中国共产党人在新民主主义革命时期、社会主义革命和建设时期、改革开放和社会主义现代化建设时期、中国特色社会主义新时代等不同历史时期鲜明的精神标识和政治品格。

纵观中国共产党人精神谱系，有一条鲜明的主线，那就是奋斗。中国共产党人的精神谱系，都是在努力完成不同历史时期特定历史任务的顽强奋斗中淬炼而成的。为实现中华民族伟大复兴，在不同的历史时期，中国共产党团结带领中国人民，在艰苦奋斗中成功破解了不同的历史主题。自1921年成立以来，中国共产党"始终把为中国人民谋幸福、为中华民族谋复兴作为自己的初心使命"，"团结带领全国各族人民为争取民族独立、人民解放和实现国家富强、人民幸福而不懈奋斗"。②中国共产党波澜壮阔的百余年发展史，就是一部艰苦奋斗、披荆斩棘的创业史。

（一）奋勇抗争：开启了中国发展的新纪元

新民主主义革命时期，我们党面对内忧外患而奋勇抗争，在建党精神、井冈山精神、苏区精神、长征精神、延安精神、南泥湾精神、抗战精神、张思德精神、西柏坡精神等一系列伟大精神的激励下，取

---

① 习近平：《在庆祝中国共产党成立100周年大会上的讲话》，《求是》，2021年第14期。

② 《中共中央关于党的百年奋斗重大成就和历史经验的决议》，《人民日报》，2021年11月17日第1版。

得了土地革命战争、抗日战争和解放战争的伟大胜利,建立了中华人民共和国,开启了中国发展的新纪元,为中华民族伟大复兴创造了根本社会条件。

中国共产党成立之初,就于党的二大分析了中国的经济政治状况,揭示了中国半殖民地半封建的社会性质,提出了反帝反封建的民主革命纲领,明确区分了党的最高纲领是实现社会主义、共产主义,但在当前阶段的纲领(即最低纲领)是打倒封建军阀、推翻国际帝国主义的压迫、把中国统一为真正的民主共和国,并制定了党的第一个章程,具有重大的历史意义。为了建立各民主阶级的统一战线,于1923年6月在广州召开的党的三大,经过激烈讨论,决定全体共产党员以个人名义加入国民党,作出了与国民党合作的历史性决定,由此开始了统一战线的历史实践,并通过了关于农民问题、劳动问题、青年运动、妇女运动等问题的决议。之后,党的各级组织做了许多思想工作,以消除共产党员加入国民党的疑虑,积极推动孙中山、廖仲恺等改组国民党,并在广东、上海、山东、四川等地,努力扩大国民党组织。1924年1月,在孙中山的主持下,国民党一大在广州举行,大会通过的《中国国民党章程草案》确认了共产党员以个人身份加入国民党的原则,标志着第一次国共合作的正式形成,是中国共产党民主革命纲领和统一战线政策实践的重大胜利。

大革命时期,为了打败帝国主义支持下的北洋军阀,中国共产党人开展了大量卓有成效的政治工作和群众工作,北伐途中帮助许多北伐军官兵树立明确的革命目标,培养了他们英勇作战、不怕牺牲的革命精神,并得到广大工农和革命群众的有力支援。北伐战争中,广大共产党员、共青团员舍生忘死,发挥了重要的先锋模范作用。

共产党员叶挺领导的独立团,是一支英勇善战的部队,也是中国共产党在军队中设立的第一个基层党组织。"天已拂晓,进城无望,职营伤亡将尽,现存十余人,但革命军人有进无退,如何处置,请指示。曹渊。"这是中共党员、叶挺独立团第一营营长曹渊留在世上的最后文字。

曹渊,原名俊宽,字溥泉,1902年生于安徽寿县。1924年考入黄埔军校第一期(第三队学员),入学后加入中国共产党。黄埔军校毕业后,被派往黄埔军校教导团学兵连,担任党代表。在周恩来同志领导的平定广州商团叛乱以及两次东征中,曹渊因战功突出而受到周恩来同志的赏识,后因功晋升为国民革命军第一军第三师九团一营营长。1926年5月,曹渊被派遣到国民革命军第四军叶挺独立团任第一营营长,成为叶挺的部下。同年9月,多路国民革命军合围武昌,曹渊率领的一营作为奋勇队(敢死队)担任突击先锋。9月5日凌晨,在曹渊的带领下,一营官兵冒着城头的弹雨,竖起云梯,轮番强攻,试图登城与敌军展开肉搏。但敌军占据制高点,且火力猛烈,加之友军未能积极配合,致使一营官兵孤军作战,大部壮烈牺牲,全营仅存十余人。在弹雨纷飞的城下,曹渊提笔向叶挺进行了前文所述的最后的报告,刚写完"渊"字,曹渊不幸头部中弹,"渊"字的最后一竖,横拖了三四寸长。经过一夜奋战,登上城墙的一营官兵,终因寡不敌众,牺牲殆尽。曹渊壮烈牺牲时,年仅24岁,他的儿子曹云屏[①]只有3岁。

经过40天的激烈战斗,叶挺独立团终于率先登上武昌城,创造了北伐战争史上最为辉煌的战绩。北伐战争在短时间内取得巨大胜利,

[①] 在周恩来的帮助下,曹云屏后来被安排进陕北公学学习。中华人民共和国成立后,曹云屏在广州工作,曾任广州市人民政府秘书长,2015年1月去世。——作者注

成为第一次国共合作的丰硕成果。

土地革命战争时期，面对国民党反动派以"清党"为由，大肆捕杀共产党员和革命群众，中国共产党于1927年8月1日发动南昌起义，打响了武装反抗国民党反动派的第一枪，随后召开八七会议，开始了创建人民军队、独立领导武装斗争的光辉历程。南昌起义、秋收起义、广州起义受挫后，分散的起义部队在井冈山胜利会师，合编为工农革命军第四军。经过三湾改编与古田会议，确立了党指挥枪的原则，从政治上、组织上保证了党对人民军队的绝对领导，成为"人民军队完全区别于一切旧军队的政治特质和根本优势"[①]。1934年10月，第五次反"围剿"失败后，为摆脱国民党军队的包围追击，中央主力红军被迫实行战略性转移，开始进行长征。长征途中，中央红军经过14个省，翻越18座大山，跨过20多条大河，行程约二万五千里，进行了600余次战役战斗，430多位营以上干部牺牲，平均年龄不到30岁。在中国革命最危急的关头，中国共产党于1935年1月在遵义召开中央政治局扩大会议，第一次独立自主地解决中国革命的重大问题，确立了毛泽东在党中央和红军中的领导地位，成为中国共产党和红军历史上的伟大转折，标志着党在政治上走向成熟。1935年10月，红一方面军与陕北红军胜利会师，1936年10月，红军三大主力会师，标志着万里长征的胜利结束。

抗日战争时期，"九一八"事变发生后，中国共产党在东北率先掀起局部抗战，并通过系列宣言、决议，号召全体中国人民以民族革命战争的方式，将日本侵略者驱逐出中国。西安事变爆发后，中国共

---

① 习近平：《在庆祝中国人民解放军建军90周年大会上的讲话》，《求是》，2017年第15期。

产党以民族大义为重,推动西安事变和平解决;卢沟桥事变爆发次日,即通电全国,号召全国民众团结起来,一致抗日。1937年7月15日,《中共中央为公布国共合作宣言》正式交付国民党,并于9月22日在国民党中央通讯社发表,标志着抗日民族统一战线的正式形成。

针对抗日战争的"亡国论""速胜论"等论调,毛泽东同志在《论持久战》等著作中,深刻分析了敌强我弱、敌小我大、敌退步我进步、敌寡助我多助等战争特点,科学预见了战略防御、战略相持、战略反攻的三个阶段,并得出了中国的抗战是一场持久战,但最终胜利必定属于中国的结论,在国内外产生巨大影响。在《论持久战》中,毛泽东同志深刻指出:"不要以为少打大仗,一时显得不像民族英雄,降低了资格,这种想法是错误的。游击战争没有正规战争那样迅速的成效和显赫的名声,但是'路遥知马力,事久见人心',在长期和残酷的战争中,游击战争将表现其很大的威力,实在是非同小可的事业。"[1]据统计,中国共产党开辟的敌后战场抗击侵华日军的比例,1938年为58.8%,1939年为62%,1940年为58%,1941年为75%,1942年为63%,且此五年一直抗击着全部伪军。1943年抗击侵华日军的58%,伪军的90%;1944年抗击侵华日军的64%,伪军的95%;1945年则抗击侵华日军的69%,伪军的95%。[2]抗日战争期间,中国共产党领导的抗日军队总计作战达12.5万余次,歼灭日、伪军171.4万余人,收复国土100余万平方公里,解放了总计约1亿的人口,当之无愧地成为抗日战争的中流砥柱。抗日战争的伟大胜利,成为鸦片战争以来中

---

[1]《毛泽东选集》第2卷,人民出版社1991年版,第499—500页。
[2] 参见《唐红丽:正视历史事实 深化抗战研究——访中共中央党校党史教研部教授李东朗》,《中国社会科学报》,2015年6月26日第A07版。

华民族从陷入深重危机到走向伟大复兴的历史转折点。

解放战争时期，国民党反动派撕毁与中国共产党达成的停战协定、政协决议，悍然对解放区发动的全面进攻，中国共产党领导解放区军民进行了英勇的自卫斗争，经过战略防御（1946年6月—1947年6月）、战略反攻（1947年6月—1948年9月）和战略决战（1948年9月—1949年12月），取得了人民解放战争的伟大胜利。尤其是历时142天的三大战役（辽沈战役、淮海战役、平津战役），人民军队经过浴血奋战，共歼敌154万余人，基本消灭了国民党军主力，为中国革命在全国的胜利奠定了坚实基础。解放战争的胜利和中华人民共和国的成立，结束了一百多年来半殖民地半封建社会的局面，中国人民实现了梦寐以求的民族解放和国家独立。

（二）奋勇开拓：开创了中国发展的新阶段

社会主义革命和建设时期，我们党面对艰难困苦而奋勇开拓，在抗美援朝精神、"两弹一星"精神、雷锋精神、大庆精神（铁人精神）、塞罕坝精神等一系列伟大精神的激励下，积累了社会主义革命和建设的宝贵经验，开创了中国发展的新阶段，为中华民族伟大复兴奠定了根本政治前提和制度基础。

党的二十大部分修改，并于2022年10月22日通过的《中国共产党章程》，明确了党在社会主义初级阶段的基本路线：领导和团结全国各族人民，以经济建设为中心，坚持四项基本原则，坚持改革开放，自力更生，艰苦创业，为把我国建设成为富强民主文明和谐美丽的社会主义现代化强国而奋斗。[①] 中华人民共和国成立以来，中国共产党领导和团结全国各族人民，以满腔热情和冲天干劲投身社会主义革命

---

① 《（受权发布）中国共产党章程》，http://www.xinhuanet.com/2022-10/26/c_1129081750.htm，2022年10月26日。

和建设事业，艰苦创业，顽强奋斗，用比较短的时间，就初步形成独立的、比较完整的工业体系和国民经济体系，为中国的持续发展奠定了牢固的物质和技术基础。

以为祖国分忧、为民族争气的爱国主义精神，"宁肯少活二十年，拼命也要拿下大油田"的忘我拼搏精神，"有条件要上，没有条件创造条件也要上"的艰苦奋斗精神，"甘愿为党和人民当一辈子老黄牛"的埋头苦干精神等为主要内容的铁人精神，集中体现了我国石油工人奋勇开拓、无私奉献的良好精神风貌，有着不朽的价值和恒久的生命力。习近平总书记指出："每个时代都有每个时代的精神，每个时代都有每个时代的价值观念。"①铁人精神的形成，有着鲜明的时代烙印和深刻的时代背景。

中华人民共和国成立之初，一穷二白，百废待兴，尤其是石油工业基础非常薄弱，不仅严重影响着国计民生，也为国防安全带来巨大隐患，国际敌对势力也企图以石油为武器，对我国进行经济封锁。过去很长时间里，国外的不少石油公司、专家学者认为，中国是贫油国家，产生了喧嚣一时的"中国贫油论"。中华人民共和国成立之后，不少国人的头脑中仍然存在着"中国贫油"的巨大阴影。1959年，我国发现大庆油田，这一让中国人民扬眉吐气的重大发现，一举打破了中国"贫油"的论断，在我国石油开发史上具有重要转折意义。以铁人王进喜为杰出代表的中国石油工人，心怀强烈的报国情怀，面对极为艰苦的生活条件和极端恶劣的自然条件，他们以"石油工人一声吼，地球也要抖一抖"的豪情壮志和拼搏精神，钻出了大庆油田的一口口

---

① 《习近平在北京大学师生座谈会上的讲话（全文）》，http://www.gov.cn/xinwen/2014-05/05/content_2671258.htm，2014年5月5日。

生产井，创造了我国石油工业发展史上的奇迹。

王进喜本是甘肃省玉门县赤金堡一个贫苦的农民的儿子，15岁时来到玉门油矿当小工，入党不久，他担任贝乌5队队长。1958年9月，王进喜带队创造了月进尺5009米的全国钻井最高纪录，贝乌5队被誉为"钢铁钻井队"。大庆石油会战期间，王进喜带领队友，硬是靠双手和双肩把钻机卸下火车，装上汽车，搬运到井场并安装就位。在人拉肩扛的过程中，为鼓舞全队士气，王进喜和队友喊出了"石油工人一声吼，地球也要抖三抖""石油工人干劲大，天大困难也不怕"的豪言壮语。

第一口井钻完后，王进喜被钻杆砸伤了，可他不顾伤痛继续指挥。第二口井钻至700米浅气层时，由于地层压力太大，突然发生井喷，如果不及时制止，就有井毁人亡的危险。压井需要重晶石粉，可是现场没有。王进喜当机立断，决定加水泥来提高泥浆比重，可水泥加进去就沉了底，不能融合。见此情况，王进喜穿着工服、拖着一条伤腿，纵身跳进齐腰深的泥浆池，用身体搅拌泥浆，留下了那个广为人知、感动无数人的历史瞬间。王进喜奋不顾身的一跳，带动了现场的其他工人，大家纷纷跳入泥浆之中，经过全队工人的顽强奋战，最终成功压住了井喷。

1960年6月1日，大庆首列原油车外运。1963年11月17日，周恩来总理在第二届全国人民代表大会第四次会议上庄严宣布：中国石油基本实现自给。新中国石油工业由此进入一个新纪元。①

铁人精神是社会主义革命和建设时期中国人民奋勇开拓的一个缩

---

① 参见《铁人王进喜：宁肯少活二十年，拼命也要拿下大油田》，《甘肃日报》，2019年1月16日第6版。

影，通过英勇顽强的奋斗，从中华人民共和国成立初期到20世纪70年代末期，我国水库库容由200亿立方米增加到4200亿立方米，灌溉面积比例由18.5%提高到45.2%。①我国农业生产的年均增长速度为4.2%，高于同时期苏联的3.3%、美国的1.9%、日本的2.7%、联邦德国的1.8%、英国的2.2%、法国的2.2%，以及印度的2.7%。②我国小学从34.7万所发展到104.4万所，在校生从2439万人发展到1.5亿人；中学从4045所发展到19.2万所，在校生从103.9万人发展到5836.5万人；高等学校从205所发展到434所，在校生从11.7万人发展到67.4万人。③我国男性人均预期寿命从35岁提高到65.34岁，女性提高到67.08岁，④达到当时中等发达国家水平。中国共产党团结带领中国人民开创了中国发展的新阶段，"向世界庄严宣告，中国人民不但善于破坏一个旧世界、也善于建设一个新世界，只有社会主义才能救中国，只有社会主义才能发展中国"⑤。

（三）奋勇探索：开辟了中国发展的新道路

改革开放和社会主义现代化建设时期，我们党为解放和发展生产力、尽快提高人民生活水平而奋勇探索，在改革开放精神、特区精神、抗震救灾精神、载人航天精神、工匠精神等一系列伟大精神的激励下，开辟了中国发展的新道路，为"中华民族伟大复兴提供了充满新的活

---

① 参见董忠《下决心解决农田水利建设滞后问题》，《中国发展观察》，2011年第2期。
② 参见马洪、孙尚清《中国经济结构问题研究》，人民出版社1980年版，第25页。
③ 参见国家统计局编《中国统计年鉴：1984》，中国统计出版社，第484—485页。
④ 参见国家统计局编《中国统计年鉴：1984》，中国统计出版社，第83、95页。
⑤ 《中共中央关于党的百年奋斗重大成就和历史经验的决议》，《人民日报》，2021年11月17日第1版。

力的体制保证和快速发展物质条件"[①]。

1978年12月,党的十一届三中全会胜利召开,这一具有里程碑意义的会议,徐徐拉开了改革开放和社会主义现代化建设的时代巨幕。为了改变农村面貌和自身命运,一些农民大胆探索,勇敢尝试包产到户、包干到户等新型生产关系;同时,不少地方仍旧存在着将包产到户等同于分田单干、复辟资本主义的僵化思想和畏惧心理,并出现政策上的左右摇摆现象。为此,中共中央于1980年9月27日印发《关于进一步加强和完善农业生产责任制的几个问题》,突破了多年来把包产到户等同于分田单干、资本主义的观念,肯定了生产队领导下的包产到户,强调这种做法是依存于社会主义经济的,而不会脱离社会主义轨道。1982年1月,中共中央印发《全国农村工作会议纪要》,首次肯定了"包产到户、包干到户"都是"社会主义集体经济的生产责任制"。在党中央的大力支持和推动下,以包产到户、包干到户为主要形式的家庭联产承包责任制在全国得以普遍推行,中国农村的面貌发生了翻天覆地的变化。

1982年9月1日,党的十二大隆重开幕,邓小平同志在开幕词中深刻指出:"把马克思主义的普遍真理同我国的具体实际结合起来,走自己的道路,建设有中国特色的社会主义,这就是我们总结长期历史经验得出的基本结论。"[②] 在"建设有中国特色的社会主义"这一振聋发聩的重大命题指引下,中国共产党带领中国人民不断奋勇探索,成功开辟了中国特色社会主义的崭新道路。

[①]《中共中央关于党的百年奋斗重大成就和历史经验的决议》,《人民日报》,2021年11月17日第1版。

[②]《邓小平文选》第3卷,人民出版社1993年版,第3页。

在改革开放和社会主义现代化建设时期，我们党一方面鼓励人们敢闯敢干、大胆探索，另一方面又强调把握好改革的时机、力度和方法，正确处理好改革和发展、稳定的关系，实现了改革从农村到城市、从点到面、从易到难、从浅到深的稳步推进，逐步从有计划的商品经济过渡到社会主义市场经济，我国经济实力、综合国力显著增强，基础设施和城乡面貌发生巨大变化，人民生活总体上达到小康水平，并不断奔向全面小康。

根据国家统计局公布的数据，1978年到2012年，我国国内生产总值由3645亿元迅速跃升至518942亿元。其中，从1978年的3645亿元上升到1986年的1万亿元，用了8年时间；上升到1991年的2万亿元，用了5年时间。此后的10年，平均每年上升近1万亿元，2001年我国国内生产总值首次突破10万亿元大关。2002—2006年，平均每年上升2万亿元，2006年超过20万亿元。之后，每两年上升10万亿元，2012年已达近52万亿元。1978年，我国经济总量仅位居世界第十位；2008年超过德国，居世界第三位；2010年超过日本，居世界第二位，成为仅次于美国的世界第二大经济体。我国经济总量占世界的份额，由1978年的1.8%，提高到2012年的11.5%。2008—2012年，我国对世界经济增长的年均贡献率超过20%。2012年，我国城镇居民人均可支配收入为24565元，比1978年增长71倍，年均增长13.4%，扣除价格因素，年均增长7.4%；农村居民人均纯收入为7917元，比1978年增长58倍，年均增长12.8%，扣除价格因素，年均增长7.5%。2012年末，我国城乡居民人民币储蓄存款余额为39.96万亿元，比

1978 年末增长 1896 倍，年均增长 24.9%。①

中国人民在改革开放的伟大实践中，铸就了大胆探索、锐意进取的改革开放精神，"极大丰富了民族精神内涵，成为当代中国人民最鲜明的精神标识"②，推动社会主义现代化建设事业不断取得新胜利。

（四）奋勇前行：开始了中国发展的新征程

中国特色社会主义新时代，我们党面对波谲云诡的百年未有之大变局而奋勇前行，在脱贫攻坚精神、抗疫精神、"三牛"精神、新时代北斗精神、丝路精神等一系列伟大精神的激励下，发扬历史主动精神和斗争精神，"经受住了来自政治、经济、意识形态、自然界等方面的风险挑战考验，党和国家事业取得历史性成就、发生历史性变革，推动我国迈上全面建设社会主义现代化国家新征程"③，全面建成小康社会，实现了第一个百年奋斗目标，开始了中国发展的新征程，为"中华民族伟大复兴提供了更为完善的制度保证、更为坚实的物质基础、更为主动的精神力量"④。

党的十八大以来，中国特色社会主义进入新时代，我国发展进入新的历史方位。以习近平同志为核心的党中央领导和团结全国各族人民，以中国式现代化推进中华民族伟大复兴，不断丰富和发展了人

---

① 参见《改革开放铸辉煌 经济发展谱新篇——1978 年以来我国经济社会发展的巨大变化》，《人民日报》，2013 年 11 月 6 日第 11 版。
② 习近平：《在庆祝改革开放 40 周年大会上的讲话》，http://www.gov.cn/xinwen/2018-12/18/content_5350078.htm，2018 年 12 月 18 日。
③ 习近平：《高举中国特色社会主义伟大旗帜 为全面建设社会主义现代化国家而团结奋斗》，《求是》，2022 年第 21 期。
④《中共中央关于党的百年奋斗重大成就和历史经验的决议》，《人民日报》，2021 年 11 月 17 日第 1 版。

类文明新形态。在党的二十大报告中，习近平总书记高度概括了中国特色社会主义新时代十年来，我国经济社会发展取得的重大成就。具体说来，在制度建设方面，构建了更加成熟、更加定型的中国特色社会主义制度体系，有力推动了国家治理体系和治理能力现代化。在经济建设方面，我国经济实力实现历史性跃升，2013—2021 年，我国国内生产总值年均增长 6.6%，明显高于同期世界 2.6% 和发展中经济体 3.7% 的平均增长速度，2014 年、2016 年、2017 年、2018 年和 2020 年，国内生产总值分别突破 60 万亿、70 万亿、80 万亿、90 万亿和 100 万亿元大关，国内生产总值从 2013 年的 56 万亿元提升到 2021 年的 114 万亿元，稳居世界第二位，我国经济总量占世界经济的比重从 11.3% 提升到 18.5%，人均国内生产总值从 39800 元增加到 81000 元；制造业规模和外汇储备稳居世界第一，建成了世界上规模最大的高速铁路网和高速公路网。在科技创新方面，载人航天、探月探火、超级计算机、量子信息、卫星导航、大飞机制造、新能源技术、生物医药等取得重大成果，进入创新型国家行列。在民生保障方面，历史性地解决了绝对贫困问题，实现了中华民族的千年小康梦想；居民人均可支配收入从 16500 元增加到 35100 元；城镇新增就业年均 1300 万人以上；改造棚户区住房 4200 多万套，改造农村危房 2400 多万户，城乡居民住房条件得到明显改善。①

"新时代的伟大成就，是党和人民一道拼出来、干出来、奋斗出

---

① 参见习近平《高举中国特色社会主义伟大旗帜 为全面建设社会主义现代化国家而团结奋斗》，《求是》，2022 年第 21 期。

来的！"① 奋斗，是中国共产党人不朽的精神品质，也是中国人民鲜明的精神底色。中国共产党百余年的发展历程表明，没有奋斗，就没有人民的幸福、国家的富强和民族的振兴。在全面建设社会主义现代化国家的新征程上，伟大奋斗精神将为中国人民迎接风险挑战、战胜一切困难、不断夺取胜利提供强大的力量支撑，助力实现中华民族伟大复兴的中国梦。

---

① 习近平：《高举中国特色社会主义伟大旗帜　为全面建设社会主义现代化国家而团结奋斗》，《求是》，2022年第21期。

第四章
同舟共济的伟大团结精神

中国人民是具有伟大团结精神的人民。在几千年历史长河中，中国人民始终团结一心、同舟共济，建立了统一的多民族国家，发展了56个民族多元一体、交织交融的融洽民族关系，形成了守望相助的中华民族大家庭。特别是近代以后，在外来侵略寇急祸重的严峻形势下，我国各族人民手挽着手、肩并着肩，英勇奋斗，浴血奋战，打败了一切穷凶极恶的侵略者，捍卫了民族独立和自由，共同书写了中华民族保卫祖国、抵御外侮的壮丽史诗。今天，中国取得的令世人瞩目的发展成就，更是全国各族人民同心同德、同心同向努力的结果。中国人民从亲身经历中深刻认识到，团结就是力量，团结才能前进，一个四分五裂的国家不可能发展进步。我相信，只要13亿多中国人民始终发扬这种伟大团结精神，我们就一定能够形成勇往直前、无坚不摧的强大力量！

——2018年3月20日，习近平总书记在第十三届全国人民代表大会第一次会议上的讲话

"同舟共济"一词，出自《孙子兵法·九地》篇："夫吴人与越人

相恶也,当其同舟而济,遇风,其相救也如左右手。""济"为渡河之义。意思是说,即便是有仇的吴国人和越国人,一旦他们同坐一条船渡河,遇到风浪时也能够团结互助、战胜困难。以此说明,在艰险困难面前,只要同心协力,便能共渡难关。"守望相助"一词,出自《孟子·滕文公上》:"出入相友,守望相助,疾病相扶持。""守"即守卫,"望"即瞭望。意思是说,乡人们平时出入相随,彼此亲近和睦,共同守卫瞭望,以此防御外贼,有人生病也会互相照料。后来,"守望相助"演变为成语,用来形容相互帮助。同舟共济,守望相助,八个字充满温度,深刻道出了团结的力量。

一、伟大团结精神的核心要义

团结是中华民族之魂,团结统一被中华民族视为"天地之常经,古今之通谊",是中华民族的立身之本。伟大团结精神是中国人民在几千年历史长河中形成的宝贵精神财富,是中华民族生生不息的强大精神动力,早已深深融入博大精深的中华文明之中。2022年5月27日下午,就深化中华文明探源工程,十九届中央政治局进行第三十九次集体学习,习近平总书记发表重要讲话,指出:"要讲清楚中国是什么样的文明和什么样的国家,讲清楚中国人的宇宙观、天下观、社会观、道德观,展现中华文明的悠久历史和人文底蕴,促使世界读懂中国、读懂中国人民、读懂中国共产党、读懂中华民族。"[①] 伟大团结精神,是读懂中国人民、读懂中华民族的一把金钥匙,以国为家的道德

---

① 习近平:《把中国文明历史研究引向深入 增强历史自觉坚定文化自信》,《求是》,2022年第14期。

观、合强孤弱的社会观、协和万邦的天下观，集中体现了中国人民的伟大团结精神，是中华民族区别于世界上其他民族的鲜明特征。

（一）以国为家的家国情怀

对于"家国"这一词条，《汉语大词典》的释义为"家与国。亦指国家"，可见，"家国"具有两个方面的含义："家与国"和"国家"。日常语境中，尽管"家国情怀"具有"爱家爱国的情怀""以国为家的情怀"两种语义，但从更为大量的实例观之，后一种语义居多，也更为常见。当我们使用"家国情怀"一词来表达"以国为家的情怀"时，往往隐含了一个十分重要的前置条件，那就是国重于家。由于"国"是一个宏大而抽象的概念，而"家"是看得见摸得着、与日常生活密切相关的实体，我们在说"家"的时候，往往不会想到"国"，而在说"国"的时候，却随口而出地说"国家"，由己而家，由家而国，由此而将个人与国家紧紧联系在一起。中国人民有一个朴素的观念，"国"是在"家"的基础上延伸而成的大"家"，"国"这个大"家"是由无数个小"家"组合而成的。就像歌曲《国家》唱的那样："一玉口中国，一瓦顶成家，都说国很大，其实一个家。一心装满国，一手撑起家。家是最小国，国是千万家。"

让人温暖的，是心底的家；让人勇敢的，是肩上的国。千百年来，中华文明之中始终蕴含着浓郁的家国情怀，以国为家的家国情怀，成为中国人民在团结奋斗中固守的价值准则。从《诗经·秦风·无衣》的"岂曰无衣？与子同袍"，到《礼记》的"欲治其国者，先齐其家；欲齐其家者，先修其身"，再到霍去病的"匈奴未灭，何以家为"；从陆游的"位卑未敢忘忧国，事定犹须待阖棺""王师北定中原日，家祭无忘告乃翁"，到于谦的"一寸丹心图报国，两行清泪为思亲"，再到林则徐的"苟利国家生死以,岂因祸福避趋之",家国情怀深深地根植于中国人民的内心深处,历久弥新。

三月的踏青、清明的哀思、端午的粽香和龙舟、中秋的圆月和月饼、重阳的登高望远、腊月的腊八粥、除夕的鞭炮和守岁,这些不仅仅是一个时间的节点、一套默认的仪式和一顿可口的饭菜,更是一种符号化了的家国情怀,犹如中华民族的文化染色体,流淌在中华儿女的血脉之中,成为中华儿女的共同记忆,绵延不绝。在这个文化共同体中,皓月连接了久远的历史和当下的此刻,星河交汇了天涯和咫尺,人们经历着同一种感受,并结成精神上"我们"的一体感。正如路遥在诗歌《祖国到底是什么》中深情地写道:"祖国是什么?她是炊烟,是鸽哨,是端午的龙舟,是中秋的火把,是情人在木栅栏后的热烈亲吻,是婴儿在摇篮里咿咿呀呀的呼唤,是母亲在平底锅上烙出的煎饼,是父亲在远行时的殷殷叮咛。……世界上有许多美丽的地方,但是那里有黄山么,有黄河么,有长江么,有长城么?有母亲生育我时的衣胞么,有我一步步艰难跋涉过来的足印,有我和我的亲友们都已经习惯的那些难以尽说的民风民俗么,有我一开口哼唱就觉得荡气回肠的乡音民谣么?没有!既然这些都没有,那么,祖国,就是一个不可替代的地方。"

家国情怀的精髓,在于通过"国以家为基,家以国为本"的价值浸润,所激发出来的积极的入世精神、强烈的忧患意识和匡扶天下的济世情怀,从而将个人命运与国家前途紧紧联系在一起,构建了荣辱与共、休戚与共的家国命运共同体。

(二)合强孤弱的价值理念

"合则强,孤则弱"语出《管子·霸言》。管仲分析当时的形势时说："夫轻重强弱之形，诸侯合则强，孤则弱。骥之材，而百马伐之，骥必罢矣。强最一伐，而天下共之，国必弱矣。"管仲认为，由于各国强弱不同，各诸侯国联合则强，孤立则弱。即使是骏马，如果百马轮流与它竞逐，也一定会疲惫不堪；即使是最强大的国家，举天下之力而攻伐之，也一定会弱下来。当然，"合则强"的前提是勠力同心，战国时期，秦国之所以能够通过"连横"击破六国的"合纵"，并不在于这两种策略孰是孰非，而在于结盟的国家之间由于缺乏信任而力量分化，未能真正形成强大合力。可见，中国人民很早就从亲身经历中深刻认识到，团结就是力量，团结才能前进，只有同心协力，才能合作共赢。

在漫长的中国古代社会里，人们之间多是集体劳动，邻里互助、雪中送炭是广受称赞的美德，"人多力量大"更是老百姓口口相传的朴素观念。困难来了，人们说"独木不成林，单丝不成线""人心齐，泰山移""二人同心，其利断金"，又说"一个篱笆三个桩，一个好汉三个帮""众人拾柴火焰高"，这是广大人民群众从日常生活中总结出来的深刻感悟。故《荀子》有言："民齐者强。"民心之和睦、民力之团结，是比天时地利更为重要的因素。《孙子兵法》也说："上下同欲者胜。""上下同欲"并不仅指军队内部的上下一心，更是指全国人民的团结一心、众志成城；拥有这样的民族力量，就拥有了制胜之道。在《史记》中，司马迁特意将汉初重臣刘敬、叔孙通等人的传记合写，感慨地说："千金之裘，非一狐之腋也；台榭之榱，非一木之枝也；三代之际，非一士之智也。"《资治通鉴》也专门记载吐谷浑可汗慕容阿柴令诸子折箭的故事，教诲世人："孤则易折，众则难摧。"

只有团结前行，才能行稳致远。2015 年 5 月 7 日，国家主席习近平出席俄罗斯纪念卫国战争胜利70周年庆典前夕,在《俄罗斯报》发表的署名文章《铭记历史,开创未来》,指出:"今天的人类比以往任何时候都更有条件朝和平与发展目标迈进,更应该努力构建以合作共赢为核心的新型国际关系。'合则强,孤则弱。'合作共赢应该成为各国处理国际事务的基本政策取向。"[1] 习近平主席借用《管子》中的名句"合则强,孤则弱",强调各方应当树立双赢、多赢、共赢的合作理念,心往一处想、劲往一处使、齐心合力、团结共进,携手应对日益增多的全球性问题。

(三)协和万邦的天下秩序

"协和万邦"一词,语出《尚书·尧典》:"克明俊德,以亲九族。九族既睦,平章百姓。百姓昭明,协和万邦,黎民于变时雍。"所谓协和万邦,就是协调万邦诸侯,使其得以和谐合作、友好往来。《左传·隐公六年》记载:"亲仁善邻,国之宝也。"《司马法》中强调:"国虽大,好战必亡。"《荀子·议兵》认为:"四海之内若一家。"《抱朴子·博喻》指出:"志合者,不以山海为远;道乖者,不以咫尺为近。"协和万邦的理念引申到今天,就是强调正确处理不同国家之间的关系,在追求本国利益时兼顾他国的合理关切,在谋求本国发展中促进各国的共同发展,打造合作共赢的国际关系,构建人类命运共同体。

和合文化是中华文化的精髓之一,"和",原为声音相应之义,后来演化出和谐、和睦、和平、中和等意思;"合",原为上下嘴唇合拢之义,后来演化出汇合、合作、结合、凝聚等意思。所谓"和合",并不追求事物的完全同一,而是在承认事物彼此不同,存在矛盾、差

---

[1]《习近平在俄罗斯媒体发表署名文章》,http://cn.chinadaily.com.cn/2015-05/07/content_20649268.htm,2015年5月7日。

异的前提下，将它们统一为相互依存的有机整体，通过要素之间的取长补短、求同存异和相互借鉴，实现整体功能的优化与平衡，从而催生新的事物，推动事物向前发展。"和"是"合"的前提和基础，"合"是"和"的目标和结果，"和"是实现、维系"和合"的关键。实际上，只有参差不齐、彼此相同的事物聚为一体，才能在取长补短中产生新事物，而完全相同的事物聚为一体，则只是数量上的简单叠加，不能产生新事物，事物仍旧停留于原有状态。

中华民族历来是爱好和平的民族。1405—1433 年，郑和曾经率领世界上最强大的舰队七下西洋，远航的足迹遍及数十个国家。"船队完全是按照军事编制进行划分的，拥有两百多艘各型船只，是当时世界上最强的海上特混舰队。"①据《明史·郑和传》所载："永乐三年六月，命（郑）和及其侪王景弘等通使西洋，将士卒二万七千八百余人，多赍金币，造大舶修四十四丈，广十八丈者六十二。"然而，就是这样一支无敌舰队，在长达 30 年的时间内所进行的军事行动，仅有剿平陈祖义（占据通往西洋诸国海上交通要道的旧港、劫夺商旅、劫持来华贡使的广东逃犯）、智败锡兰山（在第三次西洋之行的归国途中，郑和使团在锡兰国遇到麻烦，被迫进行的自卫作战）、合击苏干剌（第四次出使西洋回国途中，郑和在苏门答剌国不慎牵连进该国内争，在受到攻击的情况下被迫应战）三次②。郑和舰队的七下西洋之旅，是和平之旅，每到一处，首先向国王和头人传达明朝皇帝的诏书，加以册

---

① 付昆祥:《我的征途——郑和下西洋 郑和船队船只模型》,《模型世界》, 2017 年第 11 期。

② 参见韩洪泉《军事视角下的郑和下西洋研究——以明朝初年远洋海权的极盛与衰落为考察》,《南通航运职业技术学院学报》, 2015 年第 2 期。

封,并赏赐大量的物品以示国威,然后根据当地的习惯开展贸易往来。这些友好活动,打消了当地人民的疑虑,为我国赢得了良好声誉。

可见,郑和舰队远航的目的,仅仅是为了"和番"、展示大国的实力与威仪,而没有占领他国的一寸土地,没有在他国建立一处要塞,也没有夺取他国的一份财宝。为了研究郑和航海的事迹,英国退役海军军官孟席斯曾历经14年,遍访120多个国家的900多个博物馆、图书馆、档案馆,收集大量有关资料,写成《1421:中国人发现世界》一书。孟席斯在书中评论道:"与以后西方的航海家征服性、侵略性的远征根本不同,郑和是和平文化的象征。"[1]

中国是当今世界上邻国(包括陆地、海洋)最多的国家,周边地缘环境异常复杂。2015年11月,习近平总书记在新加坡国立大学发表演讲时表示:"中国愿意把自身发展同周边国家发展更紧密地结合起来,欢迎周边国家搭乘中国发展的'快车''便车',让中国发展成果更多地惠及周边各国,让大家一起过上好日子。"[2]2019年5月15日,习近平总书记在亚洲文明对话大会开幕式上的主旨演讲中指出:"亲仁善邻、协和万邦是中华文明一贯的处世之道。"[3]千百年来,以和为贵,己所不欲、勿施于人等思想理念,深深根植于中国人民的内心深处,至今仍然闪耀着灿烂的光芒,为构建和谐的国际秩序贡献着中国智慧。

新冠病毒感染疫情暴发以来,我国秉承"天下一家"的理念,发

---

[1]《孟席斯:"郑和是超越史册的环球航海家"》,http://news.sohu.com/2004/07/09/05/news220930594.shtml,2004年7月9日。

[2]《习近平在新加坡国立大学发表重要演讲》,《人民日报》,2015年11月8日第1版。

[3]习近平:《深化文明交流互鉴共建亚洲命运共同体——在亚洲文明对话大会开幕式上的主旨演讲》,《人民日报》,2019年5月16日第1版。

起了中华人民共和国成立以来涉及范围最广、援助时间最集中的紧急人道主义行动。仅2020年，我国向150多个国家和10个国际组织提供抗疫援助，向有需要的34个国家派出36支医疗专家组，向各国提供了2200多亿只口罩、22.5亿件防护服、10.8亿份检测试剂盒①，坚定履行将新冠疫苗作为全球公共产品的庄严承诺。充分展示了我国重情义、守道义的大国形象，生动诠释了推动构建人类命运共同体的大国担当。

二、伟大团结精神的历史底蕴

中华优秀传统文化中，唇齿相依、同甘共苦、肝胆相照等耳熟能详的成语典故，成为中国人民伟大团结精神的生动写照。而最典型的反映团结精神的诗歌，莫过于《诗经》的《秦风·无衣》篇："岂曰无衣？与子同袍。""岂曰无衣？与子同泽。""岂曰无衣？与子同裳。"这首先秦时期秦国人民英勇抵抗西戎入侵的豪迈战歌唱道："谁说没有战衣？一旦国家有需要，我愿与君同穿战袍、共赴战场。"生动表达了先人们同甘共苦、生死与共的浓烈情感。在几千年的历史长河中，中国人民团结一心、同舟共济，建立了统一的多民族国家，发展了56个民族多元一体、交织交融的融洽民族关系，形成了守望相助的中华民族大家庭。

（一）同根同源的血脉深情

同根、同源意识是伟大团结精神的天然根基。我国的很多民族中，

---

① 参见《去年去年我国出口口罩2242亿只 新冠病毒检测试剂盒10.8亿人份》，https://www.chinanews.com/cj/2021/01-15/9387553.shtml，2021年1月15日。

普遍存在着源远流长的"同根"意识，认为各个民族都是同源共祖，各民族都是兄弟姐妹，这种意识在很多民族的神话、史诗中都有着鲜活的反映。

彝族创世史诗《查姆》中说，洪水过后，人间只留下阿普笃慕两兄妹，后来两兄妹生下三十六个小娃娃，各人成一族，三十六族分天下，三十六族常来往，和睦相处是一家。各民族有关同根同源的神话、史诗，虽然是口耳相传的民间文学作品，但都体现了各民族对远古时期的朦胧记忆，在一定程度上反映了各民族的历史渊源。①

如今，科学研究已经不同程度地证明，当代许多兄弟民族在历史上是同出一源的。比如，藏缅语族的彝、藏、白、羌、拉祜、纳西、景颇、独龙、哈尼、阿昌、土家、怒、门巴、珞巴等民族，都源于古代氐羌族群；壮侗语族的壮、侗、水、傣、布依、仡佬、仫佬各族，都是从古代百越族群分化而来的；苗瑶语族的苗、瑶、畲等民族，都源自古苗瑶族群；而佤、布朗、德昂等民族，则源于古代濮人族群；等等。尤其是国际汉藏语学界已经公认汉族与藏缅语族各民族的语言亲缘关系，考古学、分子人类学等学科也提供了有力佐证。正因为如此，我们通过古汉语与古藏文的互证、比较研究，有力推动了汉语史和汉藏语言学的研究展。

中华民族的同根同源，集中体现为传统的葫芦崇拜。葫芦与壶都是原始文明的重要象征物。如《诗经·豳风·七月》载有："七月食瓜，八月断壶，九月叔苴，采荼薪樗。食我农夫。"《周礼》中的"尊"大体有献尊、大尊、著尊、象尊、壶尊、山尊等六类，其中壶尊、山

---

① 王锋:《伟大团结精神：中华民族历史发展和复兴伟业的内在力量》,《中国民族报》,2019年5月17日第6版。

尊为壶，极有可能与葫芦信仰相关。《正韵》指出："夏商曰尊彝，周制用壶，有方圆之异。"《物原》中记载，"壶，瓠也，佩之可以济涉，南人谓之腰舟"。可见，壶、葫芦是重要的礼器和文化图腾，"悬壶济世"成为传统文化中的习俗，而葫芦则成为母体崇拜的吉祥物。与天地混沌如鸡子的叙事相同，在很多民族的神话传说中，一个巨大的葫芦生出最早的人，由此诞生了世界。

如傣族的神话故事讲道，洪水泛滥，河上漂来一个葫芦，里面走出八个男子，有一位仙女让其中四位男子变成女人，他们两两婚配，生育出后代。阿昌族故事讲，天公与地母相爱，生下一颗葫芦籽，结出一个大葫芦，他们剖开葫芦，从里面跳出九个娃娃，成为世间人类的祖先。在傈僳族的神话故事中，天神降下两个葫芦，男人西萨、女人诺萨分别从第一个、第二个葫芦里出来，他们生了九男九女，九男九女结为夫妇，生出汉、彝、傣、藏、缅、景颇、纳西等各族人民。佤族的神话故事讲，洪荒时代，海天相连，天边飘来一条小船，船上有一个葫芦，葫芦被黄牛舔开，葫芦籽落进大海，长出大地、山岗和森林。后来，山岗上结出一个大葫芦，被小鸟啄开，从葫芦里走出来世界上最早的人。白族也流传着葫芦渡水的神话：天神阿妣告诉人们，地上要发洪水，让人们搬到大葫芦里去住，只有阿公、阿婆两兄妹听了天神的话而得救，后来兄妹成亲，繁衍出人类。毛南族神话讲，天神哥为拯救人类而射下太阳，人们却忘了还愿，只有盘兄和古妹懂得感恩，送来一条狗，为天神哥种田，结下一个葫芦。大地发洪水时，盘兄和古妹躲进天神哥种的葫芦里，从而得救。此后他们兄妹成亲，繁衍后人，成为人类的祖先。① 总之，葫芦文化来自各族先民长期的

---

① 参见刘锡诚《中国神话与民族精神》，商务印书馆2021年版，第27页。

社会生活实践，蕴含着强烈的济世情怀和团结精神，早已融入人们的审美观念和生活信仰，葫芦文化成为中华文化精神的典型，并不是偶然的。

在中华大地上，虽然有些民族之间可能没有上述同根同源、同宗共祖的直接证明，但在数千年不断迁徙、相互接触的历史进程中，通过各种形式的交往交流交融，早已形成了难以割舍的血肉联系。以汉族为例，北方的汉族人口中，融入了大量北方游牧民族，如匈奴、鲜卑、党项、羯、氐、羌等古代民族；南方的汉族人口中，则融入了大量古代苗瑶和百越族群的先民。数千年的交往交流交融，促进了各民族对多民族命运共同体的初步认知，也就自然形成了"各民族是一家，各民族是兄弟"的朴素意识。

尽管"同根同源"的意识是朴素而感性的，但其意义不可低估，因为这是中华民族认同的思想基础，是中华民族共同的集体记忆和文化基因。伟大团结精神根植于中华大地，深深地铭刻于中国人民的心中，成为维护祖国统一和民族团结的牢固纽带。

（二）同域同流的地理环境

自然界是人类生存的前提，也是人类文化创造的前提。由于不同地区受自然环境影响的程度不同，人类的主动适应性也就形成差异，产生不同的种群或种族。各种群（族群）又根据各自所处的自然条件和环境，选择了适合自身的生存、生产方式，为自身的文化类型赋予了鲜明的地域性特色，形成了不同的地域文化。"这些自然的区别，第一应该看作是特殊的可能性，……民族精神便从这些可能性里滋生出来。"①

---

① [德]黑格尔：《历史哲学》，王造时译，上海书店出版社1999年版，第85页。

自然环境包括地形地貌、气候、土壤、水文、矿藏、动植物的分布等诸多因素，极大地制约着一个民族的生存发展，也是影响民族精神的重要因素。对此，罗家伦有过一段有趣的描述：

> 单就气候一项来说，比方俄罗斯那样苦寒的地方，人们时时感到受自然环境的压迫，郁积于心，结果就形成勇猛阴鸷的民族性。也许因为终年蛰伏的时候多，在屋子里静坐凝思，从炉边闲话中，许许多多的计谋便容易打好稿子。在印度则不然，终年炎热，精力蒸发，人们露宿的时候多，仰观星斗，近听恒河，而感觉生灭无常，生命渺小，于是崇拜宇宙，发生印度教和佛教的思想。中国的气候是温带性的，它的文化始自黄河大平原，然后及于长江流域。温带的气候，没有酷热严寒，因此养成趋向中和的民族性，中和的思想便容易发达。①

任何民族的生存繁衍都有赖于一定的生存空间，这就是地理环境（包括自然环境和人文环境）。自然环境对于民族来说，是一种无可选择的规定性，为中华民族伟大团结精神的形成提供了基础、条件和走向。我国位于亚洲东部，西起帕米尔高原，东临太平洋，北有广漠，南有横断山脉和浩瀚海洋，四周的自然屏障，使中国形成了一个巨大的地理单元。同时，我国地形西高东低，西部有号称"世界屋脊"的青藏高原，东部却是广大的平原和丘陵地带。有人把这种地形比作一把巨大的"躺椅"，背对欧亚大陆腹地，面朝辽阔的太平洋。由于受

---

① 罗家伦：《历史的先见：罗家伦文化随笔》，学林出版社1997年版，第2页。

到地形和季风的影响，境内东部湿润多雨，西部干旱，北部严寒，南部炎热，又形成了完整而复杂的内部结构。

中华民族生活的地理、气候、环境特点，具体来说包括以下几个方面：

首先，幅员辽阔、腹地纵深。至少在西周时，中华民族已经形成"东渐于海，西被于流沙，朔南暨，声教讫于四海"（《尚书·禹贡》）的地理空间，同时，千姿百态的地形、地貌、气候和自然景观，造成了各民族性格与气质的差异，形成了中华文化多姿多彩的特色。在如此辽阔的空间中，高山耸立，江河纵横，湖泊众多，土壤肥沃，物类繁多，丰富的自然资源为中华民族提供了源源不断的滋养，不仅使中华民族得以自给自足，而且具备了足够的发展潜力和回旋余地。正因为如此，中华民族虽多次遭遇外敌入侵而不致毁灭或中断，始终保持着文化的绵延和完整。

其次，气候温和。我国的大部分地区位于北温带，气候温和，四季分明，适宜人类生存与居住。我国的气候特点主要表现为大陆性季风气候：每年九月至次年四月，从西伯利亚和蒙古高原吹来干寒的冬季风，南北温差较大；每年的四月至九月，从东部和南部海洋吹来暖湿的夏季风，普遍高温多雨，南北温差较小。在我国境内，随着海陆季风的影响，南北气候呈现梯度变化，形成了不同地域文化交汇融合的自然场域：既有游牧民族赖以生存的大草原，有农耕民族赖以生存的黄土地和大平原，也有渔猎民族赖以生存的海洋和发达水系。

再次，半封闭的边缘地形。中国的周边，均有难以逾越的自然屏障：东有浩瀚的大海，西有"世界屋脊"之称的青藏高原和塔克拉玛干沙漠，南有河道纵深的热带雨林，北有寒冷荒凉的蒙古大漠。总体而言，我们远离世界其他文明中心，长期处于相对的隔离状态。这样的地形，一方面容易使视野受限，形成自我封闭的保守意识；另一方面也保持了民族精神的独特性、纯正性和延续性。

由于地形多样，气候不同，辽阔的中华大地在史前文化阶段，就形成了六个小的文化区：中原文化区、甘青文化区、燕辽文化区、山东文化区、江浙文化区、长江中游文化区。由于地理条件优越，中原文化区更容易吸收周围其他文化区的养分，因此发展水平最高，成为我国第一个王朝——夏的诞生地。文明首先产生于中原地区，其次是周围的五个文化区，最后是第三层即最外层的各文化区。考古学家形象地将这种文化结构称为"重瓣花朵式的向心结构"，史学大师钱穆先生称之为中国文化的"大局面"："埃及和巴比伦的地形，是单一性的一个水系与单一性的一个平原，印度地形较复杂，但其最早发展，亦只在印度北部的印度河流域，它的地形仍是比较单纯，只有中国文化开始便在一个复杂而广大的地面上展开。有复杂的大水系，到处有堪作农耕凭借的灌溉区域，诸区域相互间都可隔离独立，使在这一个区域里面的居民，一面密集到理想适合的浓度，再一面又得四周的天然屏障而满足其安全要求。如此，则极适合于古代社会文化之酝酿与成长。但凡一个小区域内的文化发展到相当程度，又可借着水系进到大水系而相互间有亲密频繁的接触。因此中国文化开始便易走进一个大局面，与埃及、巴比伦及印度，始终限制在小面积里的情形大大不同。"①

自古以来，中华民族的祖先世世代代在这片广袤的土地上繁衍生

---

① 钱穆：《中国文化史导论》，生活·读书·新知三联书店1988年版，第4—5页。

息，由于地貌特征相对封闭，中华民族同外界交往存在着天然阻隔，为中华民族的独立发展提供了宝贵的地理空间。数千年来，中华各族先民在这个广阔的地域内生活劳动、繁衍生息。由于大多地处边疆，向外发展存在难以逾越的天然屏障，少数民族经常通过民族迁徙、互市贸易、纳贡受赏等方式，加强同中原地区的互动联系。魏晋时期，由于北方气候寒冷，为了谋求生存、反抗压迫，北方和东北少数民族曾经屡次突破长城防线，意图南下占据中原，建立政权。隋唐时期突厥、吐谷浑归附，使得中央政权巩固了对今新疆、青海和蒙古高原的控制。辽、金时期，契丹、女真入主中原，就是北方民族对中原内地产生的内向性交融。元朝作为第一个由少数民族蒙古族建立的全国性政权，首次将西藏完整纳入中国版图，为今日中国的广大疆域奠定了坚实基础。得益于灵活多样的民族政策，满族建立的清朝政权，曾一度成为历朝历代中有效控制国土面积最大的朝代。

中华民族的活动范围在亚洲东部，独特的地理环境和生存生产条件，对于中华民族的民族性格产生了重要影响。正因为共同地域的存在，中华民族得以形成、发展和壮大；也正因为共同地域的存在，中华各民族在保持自身特色的同时，结成了唇齿相依、相辅相成的命运共同体。正如梁启超在《中国地理大势论》中所言："美哉中国之山河！美哉中国之山河！中国者，天然大一统之国也，人种一统、言语一统、文学一统、教义一统、风俗一统，而其根源莫不由于地势。"[①]

（三）同向同行的发展历程

中华民族的历史，是由生活在中华大地上的各民族共同缔造的。

[①] 转引自晁天义《"大一统"含义流变的历史阐释》，《陕西师范大学学报（哲学社会科学版）》，2021年第3期。

远至史前传说时代，黄帝统一了游徙于黄河流域的各氏族部落，奠定了华夏族的发展基础。之后，夏、商、周三代相继建立起多民族的国家。西周初年的青铜器"何尊"，载有"余其宅兹中国，自兹乂民"的铭文，成为"中国"一词出现的最早记录，标志着多民族国家新的发展阶段。秦始皇统一六国，第一次建立了中央集权的统一的多民族国家。秦汉以来，以黄河流域为中心，各民族之间的政治、经济和文化交流不断深化，在同向同行、共同缔造祖国历史的过程中，形成了彼此不可分离的命运共同体。

生活在中华大地上的各民族，尽管客观上存在着生活生产方式、文化心理特征等方面的差异，但又通过长期的交往交流交融，积累了众多同质性的特征，共同创造了中华民族这一有机整体。中华民族的"同质"并非"同化"，亦不否定"多元"，而是各民族在多元一体格局中的共生、共存，以及在本质上相同、相通的状态。中华民族的同质性表现为，各民族在生活地域、经济形态、精神追求等方面，具有整体性、匹配性、共同性特征。同质性往往以各民族的心理特质为基础，在内在价值取向的形成与发展过程中日渐趋同，构建出共同的政治基础、共同的经济利益和共同的精神文化。①

2019年9月27日，习近平总书记在全国民族团结进步表彰大会上的重要讲话指出："我们伟大的祖国，幅员辽阔，文明悠久，中华民族多元一体是先人们留给我们的丰厚遗产，也是我国发展的巨大优势。"② 在中华各民族同向同行的漫长发展历程中，逐渐形成了中华民

---

① 参见强健《论中华民族同质性特征及影响因素》，《贵州民族研究》，2020年第10期。

②《习近平在全国民族团结进步表彰大会上的讲话》，《光明日报》，2019年9月28日第2版。

族多元一体的格局，主要体现为以下"四个共同"：各民族共同开拓了我国的广袤疆域，共同书写了我国的悠久历史，共同创造了我国的灿烂文化，共同培育了我国的民族精神。

在我国漫长的历史长河中，尽管出现过魏晋南北朝、五代十国等分裂时期，但从纵向的角度看，总体来说统一的时间越来越长，统一的规模越来越大，统一的程度越来越深，统一的思想越来越深入人心。在人们的心目中，始终存在着根深蒂固的"大一统"思想，团结统一是中华民族孜孜以求的理想，也是中国历史发展的主流。历史上，各少数民族自视为中国的当然成员，即便发动与中原王朝之间的战争，也是为了入主中原，争夺中华正统，而不是另起炉灶，企图从中国分裂出去。那些建立了中央政权的少数民族，也都不自外于中国，都以中华正统自居，并以实现中华"大一统"为己任。

"一部中国史，就是一部各民族交融汇聚成多元一体中华民族的历史，就是各民族共同缔造、发展、巩固统一的伟大祖国的历史。各民族之所以团结融合，多元之所以聚为一体，源自各民族文化上的兼收并蓄、经济上的相互依存、情感上的相互亲近，源自中华民族追求团结统一的内生动力。"[①] 中国自古以来就是一个多民族国家，中华民族多元一体格局的形成，不是一蹴而就的，而是经历了漫长的历史演变过程；不仅源于共同的地缘和相似的环境，更源于共同的历史命运和强烈的文化认同。正是在各民族长期的共同奋斗中，形成了中华民族团结统一的优良传统，锻造了中华民族的伟大团结精神。

---

① 《习近平在全国民族团结进步表彰大会上的讲话》，《光明日报》，2019年9月28日第2版。

三、伟大团结精神的百年实践

2022年10月16日，习近平总书记在党的二十大报告中指出："团结奋斗是中国人民创造历史伟业的必由之路"，"团结就是力量，团结才能胜利"。[①]"团结"是党的二十大报告十分重要的高频词和关键词。2022年10月17日，习近平总书记在参加广西代表团讨论时强调："全党全国各族人民要在党的旗帜下团结成'一块坚硬的钢铁'，心往一处想、劲往一处使。"[②]

自中国共产党诞生以来，在革命、建设、改革的各个历史时期，中国人民的伟大团结精神不断丰富完善，发挥了凝聚人心、引领进步的重要作用。今天，我国取得的一切伟大成就，都是全国各族人民在党的领导下团结奋斗，共同拼出来、干出来的。百余年的历史告诉我们，力量源自团结，团结是成功的基础。

（一）万众一心：各族人民共同缔造新中国

近代的中国内忧外患、战争频仍，中国人民陷于山河破碎、民不聊生的悲惨境地。梁启超在《论近世国民竞争之大势及中国前途》说："国不知有民，民不知有国。"他认为，国家积弱的最大根源，是中国人缺少爱国心；三大误区支配着中国人的思想：一是不知道国家与天下的差别，二是不知道国家与朝廷是有区别的，三是不知道国家与国民之间关系究竟如何。[③]孙中山先生也曾在《建国方略·民权初步·序》

[①] 习近平：《高举中国特色社会主义伟大旗帜 为全面建设社会主义现代化国家而团结奋斗》，《求是》，2022年第21期。

[②]《在新的赶考之路上向历史和人民交出新的优异答卷》，https://m.gmw.cn/baijia/2022-10/18/36094715.html，2022年10月18日。

[③] 参见梁启超《饮冰室合集·文集》之五，中华书局1989年版，第2—5页。

一文中无奈地感叹,"中国虽四万万之众,实等于一盘散沙",民众对国事漠不关心,国家民族观念十分薄弱,由于只知有自己而不知有国家,不能团结在一起。

中国共产党诞生后,久经磨难的中国人民开始有了坚强的组织者和领导者。经过28年的浴血奋战,中国共产党团结带领全国各族人民建立了中华人民共和国,彻底结束了一盘散沙的局面,把全国各族人民凝聚成同舟共济、同风共雨的整体。

抗日战争中,在抗日民族统一战线的感召下,中华各族儿女万众一心,共赴国难,最早举起抗战旗帜的东北义勇军、内蒙古的大青山抗日游击队、坚持五指山椰林抗敌的海南黎民、华北平原的回民支队、血染贺兰山的回民骑兵团、誓与祖国共存亡的高山族同胞等,各族人民共同筑起"血肉长城",都为抗战胜利付出了巨大牺牲,作出了重要贡献。

为了抗战胜利,全国数百万优秀青年奔赴抗日战场,海外华侨也纷纷出资出力,为抗日战争的胜利作出了重大贡献。1938年10月,上海、武汉、广州等大城市相继失守,由于沿海各省、广九铁路均被日军占领,海上运输、铁路运输几近瘫痪。1939年至1942年,近3200名来自新加坡、马来西亚等地的青年华侨放弃安逸的生活,赶回祖国参加抗日运输工作,他们就是南洋华侨机工。面对敌机的疯狂轰炸,"南侨机工"和6000多名国内卡车司机、机修人员一起,在被称为"死亡公路"的滇缅公路上,夜以继日地为祖国抢运抗日物资。三年中,"南侨机工"共运送了约50万吨军需物资、15000多辆汽车,以及大量的汽油、枪弹、轮胎、药品、医疗器械等其他物资。"南侨机工"在滇缅公路的运输途中,约半数为国捐躯,平均每公里就有一人牺牲，用生命打通了宝贵的"抗战输血线"。

在滇缅公路上，可以常常见到这样一条醒目的标语："一个华侨能出力，十个敌人九不回！"。为了表达大无畏的爱国主义精神，机工们还专门谱写了自己的进行曲——《马达进行曲》。歌词写道：

> 我们的雄心和马达共鸣，
> 我们的队伍向祖国前进；
> 我们的血汗作胜利保证，
> 在我们面前永远是光明。
> 这套好身手到今天显出救国本领，
> 马达快开动！
> 为了祖国，亲爱的祖国——！
> 负起这次神圣战争的伟大使命，
> 我们很光荣，与弟兄们前进！[①]

据国民政府财政部的统计数据，抗战期间，三分之一的军费来自华侨捐助。华侨捐款总额超过13亿元，汇回国内95亿元侨汇；共认购公债11亿元，占国民政府战时发行公债总额的1/3，战后一直未偿还。同时，海外华侨捐赠的飞机、汽车、药品等各类物资，也源源不断运往中国。此外，美国、加拿大、菲律宾等地的华侨飞行员先后回国，亲赴抗日战场，占到全国歼击机飞行员总数的3/4，成为中国空

[①] 参见《为祖国而战的抗日英雄——记抗战时期的南洋华侨机工》，抗日战争纪念网，https://www.krzzjn.com/show-556-119165.html，2019年1月22日。

军的作战主力。①

抗日战争中，中华民族焕发出空前的凝聚力和团结意识。正如晏阳初所说："几千年来，中国人所怀抱的观念是'天下'，是'家族'，近代西方的民族意识和国家观念，始终没有打入我们老百姓的骨髓中。直到现在，敌顽攻进来的巨炮和重弹才轰醒了我们的民族意识，南北数千里燃烧的战线，才激发了我们的全面抗御、同仇敌忾的精神，我们从亡国灭种的危机中，开始觉悟了中国民族的整全性和不可分性。生则俱生，死则俱死；存则俱存，亡则俱亡，这是民族自觉史的开端，是真正的新中国国家的序幕。"②

中国共产党成立以来，带领全国各族人民团结奋斗，携手并进，为了中华民族的独立、自由和解放舍生忘死、浴血奋战，涌现出一大批功勋卓著的各民族代表人物，值得我们永远铭记。其中既有邓恩铭（水族）、马骏（回族）、施滉（白族）、荣耀先（蒙古族）等建党先驱，也有向警予（土家族）、龙大道（侗族）、韦拔群（壮族）、关向应（满族）等工农运动领袖；既有陈翰章（满族）、肋巴佛（藏族）、马本斋（回族）、李红光（朝鲜族）等抗日英雄，也有粟裕（侗族）、乌兰夫（蒙古族）、韦国清（壮族）、廖汉生（土家族）、朵噶·彭措饶杰（藏族）、赛福鼎·艾则孜（维吾尔族）等开国将领。在新民主主义革命中牺牲的少数民族英烈，同灿若星辰的汉族英烈一起名垂青史，成为全体中华儿女心中不朽的丰碑。

1949年9月底，12位国内少数民族代表积极响应中共中央1948

---

① 参见《华侨与抗日战争图片展——1/3抗日军费来自华侨捐款》，https://www.chinanews.com/hr/2015/09-02/7503163.shtml，2015年9月2日。

② 转引自晏阳初《农民抗战底发动》，《大公报》，1937年10月11日。

年 4 月 30 日发出的"五一口号",克服重重困难,参加中国人民政治协商会议,共襄建立中华人民共和国大业。在开国大典上,赛福鼎·艾则孜(维吾尔族)、王国兴(黎族)、田富达(高山族)等少数民族人士受邀登上天安门城楼,共同见证了中华人民共和国成立的庄严时刻。中华人民共和国的成立,极大地激发了各族人民的爱国热情。

(二)合力齐心:各族人民共同奋进新时代

党的十八大以来,中国特色社会主义进入新时代。中国共产党领导和团结全国各族人民,合力齐心,勇毅前行,无论是在政治、经济方面,还是在意识形态、自然界方面,都经受住了诸多严峻的、甚至是惊涛骇浪的风险挑战。面对 21 世纪目前持续时间最长、规模最大的新冠病毒感染疫情,全体中华儿女众志成城、共克时艰,铸就了"生命至上、举国同心、舍生忘死、尊重科学、命运与共"的伟大抗疫精神,成为新时代伟大团结精神的生动写照。

对于中华民族来说,2020 年是个极不平凡的年份。突如其来的新冠病毒感染疫情,是中华人民共和国成立以来遭遇的传播速度最快、感染范围最广、防控难度最大的重大突发公共卫生事件,也是百年来全球范围内蔓延最严重的传染性疾病。经过全国人民艰苦卓绝的努力,我国仅用 1 个多月的时间,就初步遏制了疫情的蔓延势头,仅用 3 个月左右的时间,就夺取了武汉保卫战、湖北保卫战的决定性胜利,取得了全国抗疫斗争来之不易的重大战略成果。

疫情发生时,正值中华民族最重要的传统节日春节。14 亿人民积极响应党中央号召,自觉服从各地疫情防控工作的安排部署,一夜之间,远程办公、居家隔离等成为大多数国人的生活方式。为了有效解决医护资源短缺问题,除夕(2020 年 1 月 24 日)至 2020 年 3 月 8 日,全国各地先后组建了 346 支国家医疗队，调集了 4.26 万名医务人员、近 1000 名公共卫生人员，全力以赴驰援湖北。人民解放军各医疗队接到指令后，2 小时内完成组建，24 小时内抵达抗疫一线，迅速开展救治工作，共派出 4000 余名医务人员支援湖北，承担了 3 家医疗机构的救治任务，人民空军先后出动运 -20 等大型运输机 30 架次，紧急运送军队医疗人员和医疗物资。

面对疫情，数万名建设者逆行"出征"。2020 年 1 月 23 日，武汉市新冠肺炎疫情防控指挥部紧急决定，参照北京市当年快速建成小汤山"非典"医院的成功经验，在武汉市蔡甸区火速建设一所火神山医院，建筑面积为 3.39 万平方米，可容纳 1000 张床位。面对严峻疫情形势、春节休假、工厂停工等巨大困难，全国各地 2000 多家供应商、分包商积极响应，在冰冷的夜雨里，大量工人和 2500 余台大型设备、运输车辆迅速抵达蔡甸区的知音湖畔，开始平场。1 月 25 日，大年初一这天，武汉市新冠肺炎疫情防控指挥部又紧急召开调度会，决定半个月之内，在武汉市江夏区黄家湖畔，再建一所总建筑规模超过两个火神山医院的雷神山医院。为此，4 万名建设者逆行"出征"，迅速开辟"第二战场"，仅用半个月的时间，就完成了平时两年的工作量。2 月 2 日，一座现代化的医院拔地而起，火神山医院交付，震撼了全国，也震撼了全世界；2 月 6 日，雷神山医院交付。面对极限的工期，严苛的标准，火神山医院、雷神山医院分别运行 73 天、68 天，累计治愈患者近 5000 人，并实现了疫情的"零扩散""零感染"。

面对疫情，举全国之力实施规模空前的生命大救援。在用十多天时间先后建成火神山医院和雷神山医院的同时，大规模改建了 16 座方舱医院，迅速开辟了 600 多个集中隔离点。为坚决落实党中央、国务院决策部署，国家卫健委举全国之力，集优质资源，全力支援湖北省开展新冠疫情防治工作，于2020年2月10日建立省际对口支援湖北的医疗救治工作机制。在原有外省医疗队支援的基础上，充分考虑疫情现状、人力资源储备、受援地市医疗资源缺口等情况，按照原有关系不变、应补尽补的原则，统筹安排19个省份，对口支援湖北省除武汉市外的16个市州及县级市。具体为，黑龙江省、重庆市支援孝感市，天津市支援恩施土家族苗族自治州，江西省支援随州市，湖南省、山东省支援黄冈市，广东省、海南省支援荆州市，广西壮族自治区支援十堰市，江苏省支援黄石市，浙江省、内蒙古自治区支援荆门市，辽宁省、福建省支援宜昌市，贵州省支援鄂州市，云南省支援咸宁市，宁夏回族自治区支援襄阳市，山西省支援仙桃、天门、潜江3个县级市，河北省支援神农架林区。① 最优秀的人员、最急需的资源、最先进的设备在最短时间内抵达湖北省，迅速扭转了医疗资源、物资供应的紧缺状态，为疫情防控取得决定性成果作出了巨大贡献。

面对疫情，各行各业自觉担当疫情防控责任。疫情发生以来，在全国65万个城乡社区，460多万个基层党组织、400多万名社区工作者日夜值守，广大党员干部、人民解放军和武警部队官兵、公安民警、广大科研人员奋战在抗疫一线，各类民营企业、民办医院和慈善机构倾力相助。中华大地上，起早贪黑、冒着染疫风险奔忙着的，还有广大新闻工作者、数百万快递人员、180万名环卫工人，以及千千万万的志愿者和普通群众。全国人民风雨同舟、众志成城，自觉将个人冷暖与国家安危融为一体，用血肉之躯，共同构筑起阻击病毒的"钢铁

---

① 参见国家卫健委《统筹安排19省对口支援湖北除武汉市外的16个市州及县级市》，http://www.gov.cn/xinwen/2020-02/11/content_5477116.htm，2020年2月11日。

长城"。

在《查医生援鄂日记》封面上,写着这样一句话:"这世上可能确实没有超级英雄,不过是无数人都在发一分光,然后萤火汇成星河。"2020年1月24日除夕夜,首批上海援鄂医疗队紧急召集,于1月25日凌晨抵达武汉,赴武汉市金银潭医院参与新冠病毒感染者的救治工作。这支队伍里,就有上海交通大学医学院附属仁济医院呼吸科副主任医师查琼芳。在援鄂的68天里,查琼芳每天在忙碌之余发回一段日记,后来,这10万字被整理成《查医生援鄂日记》。查琼芳医生的这部日记,记录了许许多多平凡而崇高的身影。微光闪耀,星火成炬。争分夺秒救护患者的"天使白",逆行出征奔赴一线的"橄榄绿",风雨无阻有求必应的"志愿红",汇聚为抗击疫情的磅礴伟力。

2022年8月21日晚22时30分许,重庆市北碚区歇马街道虎头村突发火情。由于火情现场的路况较为复杂,不同集散点之间的很多路段,只能利用摩托车甚至越野摩托车来通行。从21日晚上开始,来自附近的众多摩托车骑手们,在山火现场接力运输救援人员和物资。在路况较好的路段,一些摩托车骑手负责运输救援物资;在路况不太好的路段,有的骑手干脆丢下车,采用人力接龙的方式,在陡坡上传递物资。有的骑手拿起灭火器,直接走向高处的隔离带,一直守在专业救援人员的身后。有的骑手骑了1个多小时的摩托车,专程赶到现场支援灭火工作,但当记者问他的名字时,骑手却说没必要知道他的名字,他只是出了一份很小的力,不值一提,真正的英雄不是他,而是奋战在最一线的救援人员。①8月25日晚,山火明火的扑救工作迎

---

① 参见《冲向重庆山火的骑手:没必要知道我的名字》,《新华每日电讯》,2022年8月28日。

来"以火攻火"(用人工点燃的火与相向烧来的林火对接,让结合部骤然缺氧而失去燃烧条件)的决战时刻。当晚,各大社交平台上流传着一张经典的照片:从高空望去,在山火扑救现场,左边是熊熊燃烧的红色烈火,右边是隔离带旁抗击山火的人群,山上无数的头灯在黑夜中晃动,汇聚成的蜿蜒的淡蓝色"灯链",犹如一段灯光闪烁的"防火长城"。

一方有难,八方支援。经过重庆人民和各方支援人员的合力扑救,截至8月26日8时30分,重庆市森林火灾中的各处明火已全部扑灭。在山火扑救行动中,有广大武警官兵、消防人员和民兵,也有众多"重庆娃儿们"组成的摩托车救援队、自发前来的快递小哥和外卖骑手。在此期间,有的餐厅老板为灭火救援人员免费提供盒饭,并且在厨房里反复强调"多点肉,少点黄豆";有的加油站为志愿上山的骑手免费加油;有的出租车司机在得知乘客是上山帮忙灭火后,直接免单;有的修理店老板修理好救援车辆后,分文不收。

重庆山火救援成为很多人难忘的记忆,再次展现了中国人民应对危机的强大凝聚力。外交部发言人华春莹在社交网络上感叹道:"大批志愿者加入扑灭山火的战斗队伍,他们头上的灯光汇聚成了一条明亮的道路。众志成城。向勇敢的志愿者致敬!为不可思议的中国人民感到骄傲!"这是中华民族流淌在血液里的宝贵精神。8月26日,重庆当地群众自发送别千里驰援的灭火英雄们,他们夹道挥手、敬礼致意,不时将补给品扔向英雄们的车里,官兵们摇手拒绝,却难挡广大群众发自肺腑的感激之情。

美国前总统尼克松曾经在回忆录中写道,访华给他留下的最为震撼的一个印象,就是他在中国人身上看到的那种既异常热烈,又高度团结一致的精神。中国人不相信上帝,而是认为人民就是上帝;中国人不崇拜超级英雄,而是认为无数的普通人本身就是超级英雄。[①]一些外国学者也禁不住感叹:"就中国人来说,几千年来,比世界任何民族都成功地把几亿民众,从政治文化上团结起来。他们显示出这种在政治、文化上统一的本领,具有无与伦比的成功经验。"[②]不少西方人很难理解:在中国这个人口占世界五分之一、面积接近整个欧洲的超大型国家,何以能够迅速形成这种一呼百应的协同力?其实,早在2200多年前,我国古代伟大的思想家荀子就在《王制篇》中深刻指出,"(人)力不若牛,走不若马,而牛马为用,何也?曰:人能群,彼不能群也",并认为"和则一,一则多力,多力则强,强则胜物"。正是"群"的团结力量,使中国人民实现了一个又一个的"不可能",创造了彪炳史册的人间奇迹。在伟大团结精神的激励下,全体中华儿女必将在新的征程上披荆斩棘,奋勇前进,努力实现中华民族伟大复兴的中国梦。

---

① 参见郝一龙《关键时刻体现民族精神》,《中国纪检监察报》,2020年4月2日第5版。

② [英]A·J.汤因比、[日]池田大作:《展望二十一世纪——汤因比与池田大作对话录》,荀春生、朱继征、陈国梁译,国际文化出版公司1985年版,第306页。

第五章
不懈追求的伟大梦想精神

中国人民是具有伟大梦想精神的人民。在几千年历史长河中，中国人民始终心怀梦想、不懈追求，我们不仅形成了小康生活的理念，而且秉持天下为公的情怀，盘古开天、女娲补天、伏羲画卦、神农尝草、夸父追日、精卫填海、愚公移山等我国古代神话深刻反映了中国人民勇于追求和实现梦想的执着精神。中国人民相信，山再高，往上攀，总能登顶；路再长，走下去，定能到达。近代以来，实现中华民族伟大复兴成为中华民族最伟大的梦想，中国人民百折不挠、坚忍不拔，以同敌人血战到底的气概、在自力更生的基础上光复旧物的决心、自立于世界民族之林的能力，为实现这个伟大梦想进行了170多年的持续奋斗。今天，中国人民比历史上任何时期都更接近、更有信心和能力实现中华民族伟大复兴。我相信，只要13亿多中国人民始终发扬这种伟大梦想精神，我们就一定能够实现中华民族伟大复兴！

——2018年3月20日，习近平总书记在第十三届全国人民代表大会第一次会议上的讲话当人类开始仰望星空的时候，梦想就开始了。在几千年的历史长河中，中国人民早就把目光投向了无垠的天际、辽远的星空和浩瀚的海洋，盘古开天、夸父逐日、嫦娥奔月、精卫填海等神话故事，深深寄托着中国先民的真切渴望和美好梦想。对伟大梦想的不懈追求，已经融化在中国人民的血脉中，烙印在中华文明的基因里，成为中华民族历尽磨难而屹立不倒、尝遍艰辛而勇毅前行的精神支撑。

一、伟大梦想精神的核心要义

千百年来，中国人民尽管历经无数磨难，却始终有着勇于追求、实现梦想的执着精神。中国人民的伟大梦想精神，集中体现为敢于有梦的立梦精神、勇于进取的追梦精神和勤于开拓的圆梦精神。

（一）敢于有梦的立梦精神

早在2500多年前，《诗经·魏风·硕鼠》一诗将剥削者喻为硕鼠，反映了劳动人民痛恨贪得无厌的剥削者，渴望摆脱奴隶主的剥削，向往"乐土""乐国""乐郊"的美好生活。尽管在当时的现实社会中，劳动人民向往的安居乐业、不受剥削的人间乐土，只能是一种虚无缥缈的幻想，并不存在，但人们内心的真实呼声，却表达了他们对于美好生活的无限憧憬。劳动人民在长期的艰苦生活中所萌发的美好社会理想，标志着他们新的觉醒，鼓舞着后世劳动人民为摆脱压迫和剥削而不断斗争。

西汉时期，《礼记·礼运》中所提出的"大同"社会思想，更加充分地体现了中国人民追求理想社会的伟大梦想和美好愿景。

> 大道之行也，天下为公，选贤与能，讲信修睦。故人不独亲其亲，不独子其子，使老有所终，壮有所用，幼有所长，鳏寡孤独废疾者皆有所养，男有分，女有归。货恶其弃于地也，不必藏于己；力恶其不出于身也，不必为己。是故谋闭而不兴，盗窃乱贼而不作，故外户而不闭。是谓大同。

这段话的意思是说，在大道施行的时代，天下为天下人所公有、公治、公享。选举出德才兼备的人来为大家办事，每个人都讲究诚信，并通过提升自我修养而调解人际关系，大家都能和睦相处。因此，人们不只是赡养自己的父母，也不只是抚育自己的子女。要使老年人能够安享天年，使壮年人有贡献才力的地方，使年幼的人能得到良好的教育，使老而无妻的人、老而无夫的人、幼而无父的人、老而无子的人和残疾人，都能得到供养。男子有职业，女子有很好的归宿。人们厌恶把财货扔弃在地上践踏的浪费行为，也没有人千方百计地想要自己占有它。人们普遍把劳动视为人生的快乐，把奉献视为人生的意义，憎恶在共同劳动中不肯尽力的行为，主观上我为人人，客观上人人为我，因此不必再为自己谋私利。有了上面谈到的这些前提，就不会有人搞阴谋，就不会有人盗窃和兴兵作乱。这样一来，家家户户都不用关大门了，这就叫作大同社会。

《礼记·礼运》的"大同"篇，描述了人们心目中的理想社会。能成就大同社会，天下就太平，人人和睦相处，丰衣足食，安居乐业。"礼运"的意思是，大家都在"礼"的道路上走，"运"行不息。"大同"的意思是，整个世界都是一家人，人人爱彼如己，以诚相待，互相援助，没有欺骗的行为。简单地说，大同乃是没有彼此、人我、是非之分别，是一种人人自由、人人平等的极乐世界。"大道之行也"中的"大道"，就是人们共同遵守的法则。这条光明大道，你可以走，我也可以走，并非私人的道路；这条光明平坦的大道，直接通达大同世界。

这样的理想社会，不仅在2500年前是伟大的梦想，即便在今天甚至未来的很长一段时间内，都是伟大的梦想。这样的梦想在中国历史长河中一直绵延不绝，后来孟子"老吾老以及人之老；幼吾幼以及人之幼"的仁爱思想，张载"民吾同胞，物吾与也"的"大心""博爱"情怀，等等，都是这种美好梦想的延续性表达。

（二）勇于进取的追梦精神

中国人民创造了辉煌灿烂的物质和精神文明，自秦汉开始，在世界上"独领风骚"上千年，曾经为世界文明进步作出巨大贡献，成为世界上伟大的民族之一。1840年鸦片战争之后，由于西方列强的入侵和封建统治的腐败，中国逐渐陷入半殖民地半封建社会的黑暗深渊，曾经的泱泱大国濒临亡国灭种，中国人民经历了战乱频仍、山河破碎、民不聊生的深重苦难。1900年5月28日，英、美、法、德、俄、日、意、奥八国组成的联军侵入古老的中国，腐朽的清政府战败，被迫签订丧权辱国的《辛丑条约》，之所以赔偿白银4.5亿两，原因竟然是当时中国总人口为4.5亿，每人赔偿一两。这是何等的耻辱！那时，帝国主义用坚船利炮轰开中国的大门，以"东亚病夫""华人与狗不得入内"等蔑视和欺辱，践踏着中国人民的尊严。然而，自强不息的中国人民，从未放弃对美好梦想的向往和追求。实现中华民族伟大复兴，成为近代以来中国人民共同的、最伟大的梦想。为了实现这个梦想，中国人民在漆黑长夜中努力寻找光明，亿万人奋起抗争，几代人苦苦求索，但都没有成功。

直到中国共产党登上历史舞台，勇担为中国人民谋幸福、为中华民族谋复兴的大任，久经磨难的中华民族，终于迎来浴火重生的胜利曙光。1921年中国共产党的诞生，并非一个新世纪的起点，却成为中国历史发展的伟大转折，成为一个全新时代的开始，从此，中国革命的面貌焕然一新。

为了追逐中华民族伟大复兴的梦想，中国共产党人积极探索，将马克思主义基本原理同中国具体实际相结合，找到了新民主主义革命的正确道路，经过28年的浴血奋战，取得了新民主主义革命的伟大胜利。中华人民共和国成立后，在中国共产党的坚强领导下，中国人民迸发出前所未有的干劲，艰辛探索建设社会主义的正确道路，并取得了辉煌成就。党的十一届三中全会之后，中国人民在改革开放和建设社会主义现代化的伟大事业中，释放出空前的想象力和创造力，成功开创了中国特色社会主义，并成功把中国特色社会主义推向21世纪。党的十八大以来，中国特色社会主义进入新时代，在以习近平同志为核心的党中央坚强领导下，党和国家事业取得了全方位、开创性的伟大成就，在中华大地上全面建成中国人民梦寐以求的小康社会，历史性地解决了绝对贫困这个曾经困扰中华民族几千年的问题，极大增强了人民群众的获得感、幸福感、安全感。

"我们都在努力奔跑，我们都是追梦人。"[1] 习近平总书记在2019年新年贺词中这句振奋人心的话，顿时成为网络上刷屏的"金句"，引发亿万人的强烈共鸣。这句话饱含深情，曾让无数人热泪盈眶，心

---

[1]《国家主席习近平发表二〇一九年新年贺词》，http://www.xinhuanet.com/politics/2018-12/31/c_1123931806.htm，2018年12月31日。

潮起伏；这句话充满力量，激励无数人砥砺前行，星夜兼程。中华大地上，到处是追梦人奔跑的身影：为了信仰，60余年深藏功名的张富清在努力奔跑，战争年代冲锋在前，和平时期默默奉献，用生命诠释着不变的初心和本色；为了百姓能够早日脱贫，毅然放弃城市的锦绣繁华、把双脚扎进家乡泥土的黄文秀在努力奔跑，用生命谱写了新时代扶贫干部的青春之歌；为了共同的心愿，八步沙林场的"六老汉"在努力奔跑，发扬现代"愚公"精神，让茫茫荒漠换上绿装；为了心中的理想，数百万快递小哥、广大农民工兄弟、出租车司机和环卫工人在努力奔跑，辛勤劳作，让城市亮起温暖的万家灯火。平凡的工作岗位上，千千万万的追梦人在努力奔跑，亿万中华儿女团结奋斗、勇于进取的追梦之旅，汇聚为中华民族伟大复兴的磅礴力量。

（三）勤于开拓的圆梦精神

在中华民族漫长的历史长河中，涌现出很多始终坚守梦想、英勇献身梦想、努力实现梦想的传奇佳话。战国时期著名的纵横家、外交家和谋略家苏秦，以锥刺股，勤奋苦读，志在"合纵"六国以抗秦，并最终组建合纵联盟，兼佩六国相印，使得秦国十五年不敢出兵函谷关。见证了西晋兴衰和东晋建立的祖逖，从"闻鸡起舞"、立志奋发、刻苦自励的挥剑少年，成长为北伐中原、收复故土、"中流击楫"的爱国将领，千百年来一直受到人们的景仰和赞颂。在中国人民饱受困难的屈辱年代，周恩来立下"为中华之崛起而读书"的远大志向，南开学校毕业时，与同窗互赠"愿相会于中华腾飞世界时"的留言，为了中国革命和建设，他鞠躬尽瘁，奔走一生，奋斗终身，成为伟大的无产阶级革命家和中国人民心中的好总理。

大型飞机被称为"工业皇冠上的明珠"，是现代高新技术的高度集成。20世纪60年代，针对我国民用运输的落后局面，国外有人嘲讽，说中国是一只没有翅膀的雄鹰。1970年，我国决定启动民用喷气式航空运输机，即运-10的研制工作，但后来因为种种原因，最终项目暂停。2007年2月，大型飞机研制重大科技专项得到国务院批复，正式立项，2008年开始正式研制。C919是继运-10之后，我国自主设计、研制的第二种国产大型客机。"C"是China的首字母，第一个"9"的寓意是天长地久，"19"代表最大载客量是190座。C919大量采用复合材料和新型航空合金，与同级别的空客A320、波音737相比，C919的机体更大，总体重量合理，更快速、更省油，也更环保。C919由上百万个零部件组成，各个部段分别来自全国不同的地方：机头来自成都，前机身、中后机身来自南昌，中央翼、副翼来自西安，后机身主要来自沈阳，起落架舱门来自哈尔滨。[①] 仅C919前机身大部段，就包含1600多项零件，涉及近2000项工装，并采用当时航空航天首选的最理想材料——铝锂合金材料。为此，中国商飞公司与中航工业洪都航空付出了大量心血，历时近3年，进行了3000多次测试，获得了材料性能方面的宝贵数据。

2015年11月2日，C919总装下线。2017年5月5日14时许，C919在上海浦东国际机场成功首飞，为了这一刻，中国人足足等了半个世纪。2022年5月14日6时52分，编号为B-001J的C919大飞机，从上海浦东国际机场第4跑道起飞，于9时54分安全降落，标志着中国商飞公司即将交付首家用户的首架C919大飞机圆满完成首次试飞

---

① 参见《中国C919大飞机总装生产线曝光 具备年产百架能力》，http://www.81.cn/gnxw/2014-09/22/content_6147715.htm，2014年9月22日。

试验。[①] 这一圆梦的历史时刻，承载了三代航空人的拼搏与梦想，有人形象地说，国产 C919 大飞机是中国三代航空人憋了一口气研制出来的，是名副其实的"争气机"。

梦想是对未来的一种期盼，也是对生活的超越，梦想无论大小，都是让人们坚持完成既定目标的原动力。波澜壮阔的中华历史，生生不息的中华民族，无不与中国人民攻坚克难、勤于开拓的"圆梦"精神紧密相关。

二、伟大梦想精神的历史底蕴

千百年来，中国人民的梦想很朴素，孟子的梦想是"七十者衣帛食肉，黎民不饥不寒"，孙中山的梦想是"四万万人都有饭吃"；中国人民的梦想也很辽远，有着精卫填海、愚公移山等海晏河清的美好憧憬。朴素而辽远的伟大梦想，激励着当代中国的发展进步，塑造着当代中国人的内心世界。

（一）嫦娥奔月的飞天之梦

上九天揽月，是中国古代先民的梦想。中国人的飞天之梦自古有之，虽然受制于科技水平，古人不能如愿以偿，但我们的祖先曾以丰富的想象力，描绘了优美的飞天之梦，寄托着他们对于遥远天际的深情向往。

《洛阳伽蓝记》成书于东魏时期，书中记载："有金像辇，去地三尺，施宝盖，四面垂金铃七宝珠，飞天伎乐，望之云表。"这是"飞

[①] 参见《漂亮！即将交付的首架 C919 大飞机首飞试验成功》，https://www.sohu.com/a/546902714_162758，2022 年 5 月 14 日。

天"一词的最早记载。其实,早在战国时期,屈原在著名的长诗《天问》中,就对天体与地球的关系、岁时昼夜的流转等发出疑问:"天何所沓?十二焉分?日月安属?列星安陈?""夜光何德,死则又育?"日月星辰、斗转星移、春夏秋冬、岁序更迭,对于这些自然天象,屈原无法解答。而在《离骚》中,屈原描述了"朝发轫于天津兮,夕余至乎西极""驾八龙之蜿蜿兮,载云旗之逶迤"等充满诗意的空中飞行体验。

《墨子·鲁问篇》也曾记载了鲁班做木鸟的绝妙故事:"公输子削竹木以为鹊,成而飞之,三日不下。"说的是鲁班用竹木做了一只木鸟,让它飞上天空,可以连续飞翔三天,都不会降落下来。明万历三十六年(1608年),李云鹄刻本的《酉阳杂俎前集》载有"六国时,公输般亦为木鸢,以窥宋城",成为将风筝用于空中侦察的最早记载。

在敦煌莫高窟第296窟中,有一幅叫作"拈花飞天"的壁画,创作于北周时期。画中的女子双手拈花,穿着有领小袄和长裙,巾带束发,曼妙地飞舞于空中,神奇而美丽,形象地展现了我们的先人对于飞天的美好幻想。除了敦煌壁画,很多古画也描绘了古人对于天空的无限向往。如五代十国时期,阮郜所画的《阆苑女仙图》,生动地描绘了仙女齐聚的优美场面:画中的仙女,有的拨弄琴弦,有的手执书卷,而两侧天空的众多仙女,有的驾云,有的御龙,有的乘鸾,纷纷飞来赴会。

在我国,最广为人知、家喻户晓的飞天传说,就是"嫦娥奔月"的故事。"嫦娥奔月"的记载,主要见于《山海经》《淮南子》等。据《淮南子·览冥训》记载:"羿请不死之药于西王母,姮娥窃以奔月,怅然有丧,无以续之。何则?不知不死之药所由生也。是故乞火不若取燧,寄汲不若凿井。"此处的"姮娥",即为"嫦娥"。西汉时,为避汉文帝刘恒名讳,而改称为"嫦娥"。这个神话故事说的是,在很久以前,因为天上有十个太阳,庄稼颗粒无收,先民痛苦难耐。嫦娥的丈夫后羿为了解救人类,一口气射下九个太阳,因而受到王母娘娘的奖赏,被赐予不死药,服下此药便可升天,成为仙人。然而,后羿与嫦娥真心相爱,根本就不想和她分开,回到家后将不死药交给嫦娥。后来,嫦娥遭到恶人逄蒙的要挟,被索要不死药。无奈之下,嫦娥只能将不死药吞下,由此飞天成仙。但是嫦娥对丈夫有难舍之情,因此选择飞向距离人间最近的月宫。嫦娥寂寞地住在月宫里,因为思念后羿,催促吴刚砍伐桂树、玉兔捣药,意欲早日制成不死药,返回人间,与后羿相见。听闻嫦娥飞往月亮之后,后羿痛不欲生,设案遥祭嫦娥。终于,月母被后羿的至诚打动,允许嫦娥和后羿于月满之时,在月桂树下相会。

在中华文化长河中,月亮被称为蟾宫、婵娟、玄兔、玉盘等。和大多数中国神话故事一样,嫦娥奔月这个古老的神话传说,蕴含着丰富的原始文化底蕴,寄托着古代初民借助外力而遨游太空、一探究竟的飞天梦想。

睿智的中华先民萌生出伟大的飞天梦想,并孕育了灿烂的古代航空文明。中国科协航空科学传播首席专家、著名航空学家张聚恩曾指出,作为一个中国人,当然知道造纸术、印刷术、火药和指南针等享誉世界的中国古代四大发明,可是在灿烂的中华古代文明中,还诞生了风筝、竹蜻蜓、孔明灯和爆竹等伟大的四大航空发明。中国人是火箭的最早发明者,也是最先利用固体燃料火箭将人送上天空的实践者。15世纪,明朝一位叫万户的富家子弟,他有很多奇思妙想,最感兴趣的是想乘坐火箭飞上蓝天，观察高空景象。一天，他手持两个大风筝，坐上一辆捆绑着47支火箭的飞车，让仆人点燃第一排火箭，飞车离地，顺利升空。但当第二排火箭自行点燃时，却突然爆炸，他从飞车上跌落而亡。①虽然万户的飞天梦想失败了，但为后人进入天空提供了思路。因为天才的设想和惊人的胆魄，万户成为世界上第一个尝试利用火箭推力飞行的先驱，被后人推为"航天始祖"。为了纪念万户的飞天壮举，月球上的一座环形山被命名为"万户山"。

（二）古代先民的小康之梦

"小康"一词，最早出现于《诗经·大雅·民劳》，诗歌的开篇就写道：

> 民亦劳止，汔可小康。
> 惠此中国，以绥四方。
> 无纵诡随，以谨无良。
> 式遏寇虐，憯不畏明。
> 柔远能迩，以定我王。

小者，稍也；康者，安也。"小康"的本义，为"稍安"之义。在诗歌中，作者劝谏周厉王，体恤劳苦百姓，使民众休养生息，免于徭役之苦而生活稍有所安。这句诗的意思是说，老百姓太劳苦了，也该稍稍得到安乐了。"汔可小康"与其余四章中"汔可小休""汔可小息""汔可小愒""汔可小安"的意思相近，都表达了奴隶制时代先民

---

① 参见路甬祥《从航空航天先驱得到的感悟》，《科技导报》，2014年第11期。

们向往的一种理想社会状态。

成书于西汉时期的《礼记·礼运》，第一次系统地阐述了"小康"的社会理想。书中写道：

> 今大道既隐，天下为家，各亲其亲，各子其子，货力为己，大人世及以为礼，城郭沟池以为固，礼义以为纪，以正君臣，以笃父子，以睦兄弟，以和夫妇，以设制度，以立田里，以贤勇知，以功为己。故谋用是作，而兵由此起。禹、汤、文、武、成王、周公由此其选也。此六君子者，未有不谨于礼者也。以著其义，以考其信，著有过，刑仁讲让，示民有常，如有不由此者，在势者去，众以为殃。是谓小康。

儒家先贤感怀于"大道之行也，天下为公"的原始公有制大同社会，进而引申出"今大道既隐，天下为家"的东周社会背景，认为在财产私有基础上建立起来的"小康"，是一种秩序稳定、生活富足的理想社会。

儒家对于理想社会的界定，唐尧、虞舜、大禹三代为"天下为公"的大同社会，大禹以后的夏、商、周三代为"大道既隐，天下为家"的小康社会。大同社会的维护，靠的是德治；而小康社会的支撑，靠的是礼治。春秋战国时期礼崩乐坏，不可能实现大同社会，于是先贤们主张以礼治国，恢复周朝时期的小康社会。

自此之后，历朝历代的贤哲君臣们不断地描绘、歌颂和憧憬"小康"社会，并赋予"小康"以足以自安、小有资产等含义，"小康"便逐渐成为古代先贤评判社会进步程度的一项标准。

之后，杜甫在《壮游》一诗中写道："君辱敢爱死，赫怒幸无伤。圣哲体仁恕，宇县复小康。"正是杜甫亲身经历了开元盛世、安史之乱这"一治一乱"的鲜明对比，才发出上述感慨。在《三国志·吴志·赵达传》中，裴松之写道："自中原酷乱，至于建安，数十年间生民殆尽。比至小康，皆百死之余耳。"裴松之以"小康"为标准，与三国时代生灵涂炭的"酷乱"现实进行比对，表达了心中的无奈和感慨。据《旧唐书》记载，唐睿宗评价自己"虽卿士竭诚，守宰宣化，缅怀庶域，仍未小康"，表达了未能实现"小康"盛世的深深遗憾。南宋诗人陆游在《农家六首其五》一诗中，通过"小康何敢望，生计且支撑"的哀叹，表达了百姓对康乐生活的向往。

可以看出，"小康"一词在中国古代有着多层含义：一是生活稍有所安，即《诗经》所谓"民亦劳止，汔可小康"；二是"天下为家"的礼治社会，即《礼记·礼运》所描述的小康之治；三是生活相对宽裕，即杜甫所言"宇县复小康"等。作为一种社会理想，"小康"在中国人心中有着经久不衰的魅力。对于"小康"社会的美好期许，激励着中国人民在梦想的道路上孜孜以求，从未停止脚步。

（三）近代志士的复兴之梦

1840年以前的中国物阜民丰，高度自给自足，茶叶、瓷器等大量的手工业农副产品向外输出，大量白银顺差流入国内，形成了封闭的天朝大国。面对经济上亏损、政治上不接触的局面，许多新兴西方列强极度不满，于是，英法等国通过野蛮的武力方式，撞开了清政府紧闭的大门。这个貌似强大的经济大国，根本不知道世界的新局势、新规则，一直保守着几千年来的游戏规则，在西方列强的武力攻击下，一击即溃。明末时期，在华传教的利玛窦就曾这样描述：

> 因为他们不知道地球的大小而且又夜郎自大，所以中国人认为所有各国中，只有中国值得称羡，就国家的伟大、政治制度和学术的名气而论，他不仅把所有别的民族都看作是野蛮人，而且看成是没有理性的动物。①

于是，列强们一次次贪婪地压榨着这个沉睡着的文明古国，企图趁其尚未苏醒，将其彻底葬送。赔款割地、划分势力范围、攻占北京、洗劫圆明园、赶走皇帝和太后，此外，列强们还发动了大规模海战，大肆屠杀无辜居民（中日甲午战争期间，日本占领军于1894年11月21日攻陷位于辽东半岛的旅顺，对城内进行了四天三夜的疯狂屠杀）。中华民族陷入了深重的灾难之中，沉沦到历史的低谷。在前所未有的灾难面前，人们渐渐领悟到问题的所在。在他们面前，我们是谁？竟遭到他们如此的踩躏、践踏和宰割！在他们野蛮侵略的时候，我们没有达成一致的意愿，而是松散地、置身其外地相互观望。这究竟是谁的国家，这究竟是谁的天下？接踵而至、似乎看不到头的失败与屈辱，唤醒了第一批先觉者，他们开始睁眼看世界。林则徐、魏源、徐继畬、严复、徐复观、郭嵩焘、王韬、黄遵宪、曾纪泽、李鸿章、刘铭传等人，逐渐向中国介绍世界，引进西方的思想观念和先进技术。

中国共产党诞生之前，面对深重的民族危机，为了寻求民族复兴的道路，无数仁人志士、各个社会阶层进行了前赴后继的尝试和努力，尽管都未能成功，但都从不同侧面推动了历史发展和思想进步。历史

---

① [意] 利玛窦、金尼阁：《利玛窦中国札记》，何高济、王遵仲、李申译，何兆武校，中华书局1983年版，第181页。

曾给了中国近代各个阶级、各个阶层充分施展的机会，但囿于阶级的局限、历史的局限，以及"具体执行人"的格局、视野和水平等，在历史的洪流中，绝大多数的阶级和阶层败下阵来，可谓大浪淘沙。

1. 农民阶级的"天国梦"

首先登上中国近代历史舞台的，是农民阶级。农民阶级受封建统治的压迫最为深重，因而革命性也最强；与此同时，在小农经济文化的长期熏陶下，农民阶级受封建统治者的影响程度也最深。这一天然的矛盾，既决定了农民阶级极强的革命性，又决定了悲剧性的农民起义结局。正如毛泽东所言，"每一次大规模的农民革命斗争停息以后，虽然社会多少有些进步，但是封建的经济关系和封建的政治制度，基本上依然继续下来"[1]。

1842—1850年间，全国各地接连发生了上百起的反清起义，白莲教、天地会等反清组织十分活跃。1851年1月11日，广西桂平县金田村，这天是洪秀全的生日，他率领太平军发动起义，宣布建立太平天国。两年后的1853年1月12日，太平军攻克武昌。1853年3月20日，太平军攻克南京，极大地震撼了清廷。3月29日，洪秀全宣布定都南京，改南京为天京。1853年冬天，太平天国颁布纲领性文件《天朝田亩制度》，锋芒指向实行了上千年的封建土地制度。《天朝田亩制度》提出："凡天下田，天下人同耕。"主张"有田同耕，有饭同食，有衣同穿，有钱同使，无处不均匀，无人不饱暖也"。提出了"凡分田：照人口，不论男妇""好丑各一半"的平均分田办法。这些思想、纲领的深刻性，超过了历史上以往的任何一次农民起义，代表了当时

---

[1]《毛泽东选集》第2卷，人民出版社1991年版，第625页。

农民阶级梦寐以求的理想。1864年7月，湘军攻破天京，标志着太平天国起义的失败。

1851年1月至1864年7月，几乎席卷了中国南部的太平天国起义，将旧式农民战争推向了最高峰，但依然没有逃脱失败的结局。农民阶级的"天国"之梦破碎了。

2. 洋务派的"富强梦"

林则徐是地主阶级洋务派的先驱，他在赴广东禁烟之前，对西方情况的了解其实很有限。但在禁烟活动中，林则徐深感对手非同一般。为此，林则徐"日日使人刺探西事，翻译西书，又购其新闻纸。"[①]同时，林则徐广泛搜集地球仪、地图集、地理书、航海图等资料，购置西洋大炮，并请专人翻译西洋书籍，了解制造枪炮、重炮操作等知识，成为中国近代"开眼看世界第一人"。魏源提出"师夷长技以制夷"的主张，他在《海国图志》中指出："是书何以作？曰：为以夷攻夷而作，为以夷款夷而作，为师夷长技以制夷而作。"[②]"师夷长技以制夷"的重要结论，反映了当时先进的中国人对国家出路的初步设想。

洋务派分为湘系和淮系两派，湘系以曾国藩、左宗棠、沈葆桢、刘坤一等为主要代表，淮系以李鸿章、刘铭传、张树声、盛宣怀、张之洞等为主要代表。自1861年曾国藩在安庆大观亭设立安庆内军械所，至1895年甲午海战战败，洋务运动持续了30多年。在此期间，洋务派兴办了近代军事工业企业（此为洋务派最主要的政绩）、创办了新式学堂、编练了新式海陆军、兴办了官督商办的民用企业，以及向西方国家派遣了多批留学生，客观上推动了中国近代资本主义工业

---

① 魏源：《魏源集》（上册），中华书局1976年版，第174页。
② 魏源：《魏源集》（上册），中华书局1976年版，第207页。

的发展，培养了一批有用之才。① 最终，这场运动因封建统治集团的腐败和西方列强的侵略亦告失败，没能实现"求强""求富"的目标。地主阶级洋务派的"富国强兵"之梦，亦随之破碎。

3. 维新派的"改良梦"

洋务运动加深了中国人对西方的了解，在看到西方列强"坚船利炮"的同时，也看到了背后的先进制度。实际上，早在洋务运动的后期，以郑观应为代表人物的维新思潮已现端倪。鉴于清廷在中法战争中的不败而败，郑观应悲愤地写下《盛世危言》一书，以期唤醒国人。在郑观应看来，"西人立国之本，体用兼备。育才于书院，论政于议院，君民一体，上下同心，此其体；练兵、制器械、铁路、电线等事，此其用。中国遗其体效其用，所以事多扞格，难臻富强。"② 接触到西方的政治制度之后，郑观应的思想开始转变，由支持洋务运动转向变法维新。

甲午战争之后，清廷被迫于1895年4月17日签订了丧权辱国的《马关条约》，宝岛台湾被割让给日本。1895年春，北京举行会试期间，传来签订《马关条约》的消息，举国震惊，在京应试的举人们群情激愤。1895年5月2日，康有为、梁启超等发动在京应试举人1300多人，联名上书光绪帝，痛陈民族危亡的严峻形势，并提出拒和、迁都、练兵、变法的主张，史称"公车上书"。

"公车上书"失败后，康有为创办《万国公报》（后更名为《中外纪闻》），并发起成立了强学会，成为资产阶级创立的第一个维新派政

---

① 参见李捷《奋斗与梦想：近代以来中国人的百年追梦历程》，中国社会科学出版社2021年版，第34—38页。

② 夏东元编：《郑观应集》（上册），上海人民出版社1982年版，第967页。

治团体。在康有为的带动下，汪康年等人在上海创办《时务报》，江标等人在长沙创办《湘学新报》，严复等人在天津创办《国闻报》，各地纷纷兴办书局、报馆和学堂，传播维新思想。

1897年初冬，康有为上京递交《上清帝第五书》被拒，又于1898年1月呈递《上清帝第六书》，也就是《应诏统筹全局折》，阐明变法主张，并提出具体建议：在制度局下设立12个分支机构，以"局"命名，分别为法律局、税计局、学校局、农商局、工务局、矿政局、铁路局、邮政局、造币局、游历局、社会局和武备局，以推行新政。

经过一段时间的准备，1898年6月11日，光绪帝颁布《定国是诏》，标志着维新变法的正式开始，史称"戊戌变法"（因这次变法仅持续了103天，又称"百日维新"）。1898年9月21日，慈禧太后发动戊戌政变，软禁光绪帝，并于同月28日在北京菜市口处决了谭嗣同、林旭、杨深秀、刘光第、康广仁、杨锐等6人，康有为、梁启超等被迫亡命日本，维新变法宣告失败。就这样，资产阶级维新派的"变法改良"之梦也破碎了。

4.革命派的"共和梦"

以孙中山为代表的资产阶级革命派，开启了中国近代完全意义上的民族民主革命，其组织发动的辛亥革命成为旧式民主革命的最高峰，将中华民族伟大复兴的进程推向了一个新的阶段。

1894年，孙中山费尽周折上书李鸿章，提出"人能尽其才，地能尽其利，物能尽其用，货能畅其流"[1]的改良方案，却没有得到接见，只领得一张出国考察农业的护照，孙中山改良救国的主张未能实现。

---

[1]《孙中山选集》（上），人民出版社2011年版，第2页。

1894年11月,孙中山在檀香山成立兴中会,这是中国近代史上的第一个民主革命团体。孙中山在起草的《兴中会章程》中指出:"是会之设,专为振兴中华、维持国体起见。"①孙中山首次提出"振兴中华"的口号,成为中华民族复兴的伟大先声,自此,爱国主义成为辛亥革命的鲜明主线和凝聚人心的共同思想基础。

1905年8月20日,由兴中会、华兴会、光复会合并而成的中国同盟会,在日本东京正式成立,推举孙中山为同盟会总理,推举黄兴为执行部庶务总干事,再度将"驱除鞑虏,恢复中华,创立民国,平均地权"确定为革命政纲。同年10月,孙中山在《民报》(中国同盟会机关刊物)发刊词中,首次明确提出三民主义。孙中山在借鉴西方国家立法、司法、行政三权分立的基础上,结合中国的实际,提出五权分立学说,推动了近代中国民主政治的进程。尽管三民主义的资产阶级革命纲领存在种种历史局限,但就其彻底性来说,超越了农民阶级、地主阶级洋务派和资产阶级维新派。

1911年10月10日,革命党人成功发动了具有划时代意义武昌起义。1912年1月1日,孙中山在南京宣誓就任临时大总统,宣告中华民国临时政府成立,成为中国历史上第一个资产阶级共和国,标志着我国长达两千多年的封建帝制结束。同年3月11日,颁布了中国历史上第一部具有宪法性质的法律文献——《中华民国临时约法》。辛亥革命结束了中国几千年的君主专制制度,对中国社会进步具有重大意义,但依然没有改变旧中国半殖民地半封建的社会性质,也没有改变中国人民的悲惨命运。由于自身的弱点和历史局限性,以孙中山为代

---

① 孙中山:《檀香山兴中会章程》,《孙中山全集》第1卷,中华书局1981年版,第19页。

表的资产阶级革命派,将来之不易的革命果实拱手让人,使封建军阀势力篡取了民国政权。①资产阶级革命派的"共和梦"也破碎了。

近代中国历史表明,无论是旧式的农民战争,还是软弱的资产阶级革命,都无法完成中华民族救亡图存、反帝反封建的历史任务,更无法承担实现中华民族伟大复兴的历史使命。

三、伟大梦想精神的百年实践

中国共产党成立以来的一百余年,始终坚守实现中华民族伟大复兴的梦想,经过浴血奋战、锐意进取、自信自强的持续奋斗,实现了民族独立、国家富强,并迎来了民族复兴的光明前景。

(一)浴血奋战:民族独立梦想的顽强抗争

梦想是个人成长、国家进步的动力源泉。1932 年 11 月 1 日,由商务印书馆编辑发行的创刊近三十年、久负盛名的《东方杂志》,向全国各界知名人物发起了征稿启事,主题为"于 1933 年新年大家做一回好梦",旨在征求人们对于以下两个问题的个人想法:一是先生梦想中的未来中国是怎样?(请描写一个轮廓或叙述未来中国的一方面)二是先生个人生活中有什么梦想?(这梦想当然不一定是能实现的)由此引发了一场规模空前的"新年的梦想"征集活动。"征梦"活动引起社会各界的广泛关注,各界知名人物积极参与,截至 1932 年 12 月 5 日,共收到 160 多封征文稿。

1933 年元旦出版的《东方杂志》第一期,以 83 页的篇幅,批量

---

① 参见李捷《奋斗与梦想:近代以来中国人的百年追梦历程》,中国社会科学出版社 2021 年版,第 53 页。

刊出了142人的244个"梦想"（以漫画形式做"梦"的丰子恺未计入内）。1932年12月5日之后，又陆续收到了朱自清和梁漱溟的三个"梦想"，刊登于《东方杂志》1933年第二期的"梦想补遗"栏目。90年后的今天，这些来自144人的247个"梦"，依然令人动情。

著名政治活动家、新闻评论家、出版家胡愈之在来信中说：

在这昏黑的年头，莫说东北三千万人民，在帝国主义的枪刺下活受罪，便是我们的整个国家、整个民族也都沦陷在苦海之中。……我们诅咒今日，我们却还有明日。假如白天的现实生活是紧张而闷气的，在这漫长的冬夜里，我们至少还可以做一二个甜蜜的舒适的梦。梦是我们所有的神圣权利啊！

《晨报》记者茅震初在来信中说：

想凭我的智力和劳力到田园中去过活。每当皓月悬空，波影散乱的夏夜，划着一叶扁舟，临风驶去，岸旁杨柳拂过我的头，掸过我的肩，蝉声一路相迎，水声在船底低唱，仰着天，双手打着桨……

女作家谢冰莹的梦想，是一个没有国家、民族和阶级区别的大同世界；暨南大学教授周谷城的梦想，是人人能有机会坐在抽水马桶上方便；郁达夫的梦想，是人人都没有且可以不要"私有财产"，没有阶级，没有争夺，也没有物质上的压迫；复旦大学教授谢六逸的梦想，是没有阶级，不分彼此的未来中国；清华大学教授张申府的梦想，是能实现三个理想,即孔子"仁"的理想、罗素科学的理想、列宁共产主义的理想;山东正谊中学徐伯璞的梦想,是宣传中国的王道,发扬中国的文化;复旦大学商学院院长李权时的梦想,是理想中的未来中国,要合乎《礼记·礼运》中"大道之行也,天下为公,……是谓大同"的那段描述;燕京大学教授郑振铎的梦想,是未来中国成为一片伟大的、快乐的国土;《中学生》杂志编辑叶圣陶的梦想,是每个人有饭吃,每个人有工作做,凡所吃的饭,绝不是什么人的膏血,凡所做的工作,绝不为充塞一个两个人的大肚皮。①

这就是 90 年前知识分子们的梦想。

中国共产党自 1921 年成立以来,时刻牢记为中国人民谋幸福、为中华民族谋复兴的初心使命,领导和团结中国人民,经过 28 年的浴血奋战和顽强抗争,建立了中华人民共和国,实现了民族独立和人民解放的梦想。在新民主主义革命的不同时期,成千上万的革命烈士献出了年轻而宝贵的生命,付出了常人难以想象的巨大牺牲。

"我俩是世界上最幸福的人!为了救可爱的中国,为了美好的明天,我俩甘愿赴汤蹈火在所不惜!"这是 1927 年 6 月,方志敏在与妻子缪敏婚礼上的致词。对于生活在和平年代的我们来说,丧权辱国的《辛丑条约》也许只是历史课本上的内容;而对于方志敏那一代的中国青年来说,他们面对的,则是山河破碎、民不聊生的严酷现实。因此,他们的结婚誓词是"救可爱的中国"。被国民党反动派行刑前,方志敏在狱中写下了《清贫》《可爱的中国》等文稿,为了"可爱的中国",他最终献出了宝贵的生命。

---

① 参见《回望民国知识分子之梦》,http://www.people.com.cn/24hour/n/2013/0509/c25408-21425235.html,2013 年 5 月 9 日。

据《中国共产党早期组织及其成员研究》记载，中共一大时全国共有58名党员，为了党的事业，其中21名共产主义者牺牲于中华人民共和国成立之前。他们之中，有的并不广为人知，有的甚至没能留下一张清晰的照片。[①]他们是：李汉俊（37岁）、沈泽民（31岁）、杨明斋（56岁）、俞秀松（40岁）、李启汉（29岁）、李大钊（38岁）、邓中夏（39岁）、高君宇（29岁）、何孟雄（33岁）、范鸿劼（30岁）、缪伯英（30岁）、张太雷（28岁）、江浩（51岁）、陈潭秋（47岁）、赵子俊（37岁）、何叔衡（59岁）、彭璜（失踪而未考）、陈子博（32岁）、王尽美（27岁）、邓恩铭（28岁）、赵世炎（26岁）。

中华人民共和国成立时，全国中共党员总数约为448万，而据民政和组织部门的统计，从中国共产党成立到中华人民共和国成立的28年间，仅能查到姓名的牺牲的中共党员，就有370多万名[②]，平均每年牺牲13万多名共产党人。也就是说，在这漫长的10312个日夜里，平均每天就有近360名共产党人牺牲，他们用生命换来了新中国，换来了中华民族伟大复兴的机会。

（二）锐意进取：民族富强梦想的艰辛探索

一个民族只有创造过辉煌，才会懂得复兴的意义；一个民族只有经历过苦难，才会有着深切的复兴渴望。中华人民共和国成立以来，为了实现民族富强的梦想，中国人民在艰难曲折中锐意进取，艰辛探索社会主义革命和建设的道路，终于找到了中国特色社会主义的正确

---

① 参见《先烈血洒神州，正气永驻人间——回望照亮历史天空的21颗启明星》，《济南日报》，2021年6月28日。

② 《大力弘扬新时代共产党人的奉献精神——在中办机关"七一"党课上的报告》，https://www.12371.cn/2018/08/14/ARTI1534209662962259.shtml?t=636735137985952723，2018年8月14日。

道路。

中华人民共和国成立后不久，于1956年建立了社会主义制度，1978年底，党的十一届三中全会召开。这二十多年间，以毛泽东同志为主要代表的中国共产党人，领导和团结中国人民努力回答"什么是社会主义？怎样建设社会主义？"的问题，艰辛探索社会主义建设的道路，在经历了一些曲折的同时，也取得了不少重大成果和成功经验。

一是确立了社会主义的根本制度和基本制度。确立了国体，即工人阶级领导的以工农联盟为基础的人民民主专政；确立了政体，即人民代表大会制度；确立了党的根本组织原则和领导制度，即民主集中制；确立了国家机构形式，即统一的多民族国家和在单一制国家中的民族区域自治制度；确立了以公有制为基础的社会主义基本经济制度。这些根本制度和基本制度，为我国的后续发展提供了十分重要的制度基础和保障。

二是取得了社会主义建设的巨大成就。1979年9月29日，在庆祝中华人民共和国成立三十周年大会上，叶剑英同志代表党中央发表讲话，总结了三十年来我国农业生产条件显著改善、工业部门从小到大、交通运输和邮电事业取得新发展、人民生活得到较大改善、文化教育事业和科学技术取得新突破等方面的巨大成就，并指出："从我们完成国民经济恢复任务的一九五二年算起，到一九七八年，我国工业发展尽管有过几次起落，平均每年的增长速度仍然达到百分之十一点一。"①

三是探索了适应我国情况的社会主义建设道路。党的八大之前，

---

① 叶剑英：《在庆祝中华人民共和国成立三十周年大会上的讲话》，http://www.ce.cn/xwzx/gnsz/szyw/200706/07/t20070607_11631318.shtml，2007年6月7日。

毛泽东同志撰写了《论无产阶级专政的历史经验》一文，提出实现马列主义基本原理同中国革命建设具体实际"第二次结合"的构想，试图找出一条道路——在中国怎样建设社会主义，并在民主政治建设、经济建设、文化建设、国防和军队建设、党的建设等方面，开展了一些有益而可贵的探索。囿于当时的历史条件，尽管以毛泽东同志为代表的中国共产党人，进行了"第二次结合"的努力尝试，但终究未能突破传统计划经济的束缚。

四是创造了和平建设的国际环境。逐步冲破西方敌对势力对我国的遏制和威胁，有效维护了国家主权。1971年10月25日，第26届联合国大会以76票赞成、35票反对、17票弃权的压倒多数，通过了2758号决议，恢复了中华人民共和国在联合国的合法席位。

在此期间，以毛泽东同志为代表的中国共产党人，在独立自主地探索社会主义建设的过程中，尽管艰难曲折，付出了各种代价，但正如邓小平同志所言，依然"在三十年间取得了旧中国几百年、几千年所没有取得过的进步"①，完成了那一代中国共产党人的历史责任。2013年12月26日，在纪念毛泽东同志诞辰一百二十周年座谈会上的重要讲话中，习近平总书记指出："对历史人物的评价，应该放在其所处时代和社会的历史条件下去分析，……不能把历史顺境中的成功简单归功于个人，也不能把历史逆境中的挫折简单归咎于个人。不能用今天的时代条件、发展水平、认识水平去衡量和要求前人，不能苛求前人干出只有后人才能干出的业绩来。"② 社会主义建设时期取得的巨

---

① 《邓小平文选》第2卷，人民出版社1994年版，第167页。
② 习近平：《在纪念毛泽东同志诞辰120周年座谈会上的讲话》，http://www.xinhuanet.com/politics/2013-12/26/c_118723453.htm，2013年12月26日。

大成就，为新的历史时期成功开创中国特色社会主义，提供了正反两方面的宝贵经验，以及坚实的制度基础、物质基础。正如习近平总书记所指出："我们党领导人民进行社会主义建设，有改革开放前和改革开放后两个历史时期，这是两个相互联系又有重大区别的时期，但本质上都是我们党领导人民进行社会主义建设的实践探索。中国特色社会主义是在改革开放历史新时期开创的，但也是在新中国已经建立起社会主义基本制度并进行了 20 多年建设的基础上开创的。"[①]

1978 年 12 月 18 日，党的十一届三中全会胜利召开，这是一个具有深远影响的重要历史时刻。十一届三中全会虽然会期短暂，但拨开了长期困扰人们的思想迷雾，作出了把党的工作重心转移到社会主义现代化建设上来、实行改革开放的历史性决策，实现了具有深远意义的伟大转折。以邓小平同志为主要代表的中国共产党人，在准确把握中国基本国情和发展历史方位的基础上，科学回答了时代之问、人民之问，实现了"社会主义"和"中国特色"的有机结合，成功开创了中国特色社会主义的正确道路。

在改革开放和社会主义现代化建设新时期，我们党坚持解放思想、实事求是、与时俱进，提出了一系列中国特色社会主义的重大理论创新和理论创造，形成了中国特色社会主义理论体系；正确认识了社会主义的本质，即解放生产力，发展生产力，消灭剥削，消除两极分化，最终达到共同富裕；科学地提出了社会主义的根本任务，即解放和发展生产力，逐步摆脱贫穷，努力改善人民生活，使国家富强起来；概括了党在社会主义初级阶段的基本路线，总结了判断改革和各方面工

---

① 习近平：《关于坚持和发展中国特色社会主义的几个问题》，《求是》，2019 年第 7 期。

作是非得失的"三个有利于"标准；等等。新世纪新阶段，我们党提出了"三个代表"重要思想，并将其作为我们党的立党之本、执政之基和力量之源；提出了科学发展观，即坚持以人为本，树立全面、协调、可持续的发展观。自此，形成了中国特色社会主义理论体系。

在中国共产党的坚强领导和中国特色社会主义理论体系的科学指引下，1978年至2012年，我国国民经济蓬勃发展，经济总量连续迈上新台阶，从世界第十一位跃升至世界第二位，占世界经济比重从1.8%上升到11.3%，综合国力和国际竞争力得到极大提升，中华民族实现了梦寐已久的富起来的夙愿。

（三）自信自强：民族复兴梦想的光明前景

党的十八大以来，中国特色社会主义进入新时代，这是我国发展新的历史方位。"以习近平同志为核心的党中央，以伟大的历史主动精神、巨大的政治勇气、强烈的责任担当，统筹国内国际两个大局"，"解决了许多长期想解决而没有解决的难题，办成了许多过去想办而没有办成的大事，推动党和国家事业取得历史性成就、发生历史性变革"。①

十年前，我国经受着余波未了的国际金融危机、困难重重的国内改革发展的双重压力，当时，国际上相继出现了刘易斯拐点②、塔西佗

---

① 《中共中央关于党的百年奋斗重大成就和历史经验的决议》，《人民日报》，2021年11月17日第1版。

② 指劳动力从过剩向短缺的转折点，是由英国曼彻斯特大学教授威廉·阿瑟·刘易斯提出的一个经济学观点。这个拐点的到来，预示着"人口红利"的消失和用工成本的提高，是企业转型升级的重要分水岭。

陷阱①、修昔底德陷阱②等各种论调，对于发展中的中国，心生羡慕的有之，心怀叵测的也有之。今天，面对十年来我国取得的巨大成就，那些持有"中国停滞论""中国崩溃论"的西方学者，不得不摘下带有偏见的眼镜，修正自身的原有观点。

十年来，我国如期建成全面小康社会，迈出了实现中华民族伟大复兴中国梦的关键一步，经济社会发展取得举世瞩目的伟大成就。2021年，我国国内生产总值突破110万亿元大关，占世界经济比重从2012年的11.3%上升到超过18%，人均国内生产总值从6300美元上升到12551美元③，稳居中等收入国家行列，并接近高收入国家门槛。

十年来，我国建成了世界上规模最大的社会保障体系，国家统计局2022年2月28日发布的《中华人民共和国2021年国民经济和社会发展统计公报》显示，2021年末全国13.64亿人参加基本医疗保险，10.29亿人参加养老保险，人民生活水平显著提高。

十年来，我国创新驱动取得突破性进展。全社会研发经费支出从1万亿元增加到2.8万亿元，居世界第二位，科技进步贡献率从52.2%提升到超过60%；全球创新指数排名由第34位上升到第11位，国际专利申请数量连续3年位居世界第一，2011年—2021年9月，我国

---

① 又称塔斯佗陷阱，是古罗马时代历史学家塔西佗所著的《塔西佗历史》一书提出的关于政府公信力的重要理论，指的是如果公权力失去其公信力，无论如何发言或是处事，社会都将给予其负面评价。

② 由美国哈佛大学教授格雷厄姆·艾利森提出，此说法源自古希腊历史学家修昔底德就伯罗奔尼撒战争得出的结论。是指崛起大国必然会挑战守成大国的地位，一旦双方进入制裁—报复—反报复的仇恨螺旋上升通道，两者的冲突甚至战争在所难免。

③ 参见刘元春《全面建设社会主义现代化国家的物质基础更坚实》，《人民日报》，2022年11月11日第9版。

各学科"高被引"国际论文数为 4.29 万篇，占比 24.8%，居世界第二位。①

十年来，我国在载人航天、探月工程、超级计算、量子通信、大飞机制造、航空母舰等领域取得一大批标志性成果，若干领域实现了从"跟跑"到"并跑"再到"领跑"的跨越。

这些具有划时代意义、里程碑意义的历史性成就，深刻改变了国家面貌，中国人民实现了从富起来到强起来的伟大飞跃，迎来了中华民族伟大复兴的光明前景。新时代的中国，正在以中国式现代化全面推进中华民族伟大复兴，正在以中国道路的魅力和巨大成就，重新定义"发展"的内涵，"给那些既希望加快发展而又希望保持自身独立性的国家和民族提供了全新选择"②，也将为世界贡献更多的中国智慧和中国方案。

---

① 参见刘元春《全面建设社会主义现代化国家的物质基础更坚实》，《人民日报》，2022 年 11 月 11 日第 9 版。

② 《中共中央关于党的百年奋斗重大成就和历史经验的决议》，《人民日报》，2021 年 11 月 17 日第 1 版。

第六章
在弘扬民族精神中砥砺前行

中国人民的特质、禀赋不仅铸就了绵延几千年发展至今的中华文明,而且深刻影响着当代中国发展进步,深刻影响着当代中国人的精神世界。中国人民在长期奋斗中培育、继承、发展起来的伟大民族精神,为中国发展和人类文明进步提供了强大精神动力。

有这样伟大的人民,有这样伟大的民族,有这样的伟大民族精神,是我们的骄傲,是我们坚定中国特色社会主义道路自信、理论自信、制度自信、文化自信的底气,也是我们风雨无阻、高歌行进的根本力量!

——2018年3月20日,习近平总书记在第十三届全国人民代表大会第一次会议上的讲话

习近平总书记在第十三届全国人民代表大会第一次会议上的重要讲话,热情讴歌了中国人民的精神品质,深刻阐释了中华民族的民族精神。中国人民创造了五千多年璀璨的中华文明,靠的是伟大的民族精神;中国人民实现了从站起来、富起来到强起来的中国奇迹,靠的是伟大的民族精神;中国人民要实现中华民族伟大复兴的中国梦,更

要靠伟大的民族精神。

从纵向上看,民族精神是中国人民在长期奋斗中培育、继承、发展起来的,与五千多年灿烂的中华文明相伴随,与悠久的中国历史相印证,与一代代的中华儿女相映照,是中华民族的灵魂。

从横向上看,民族精神各要素之间是相辅相成、有机统一的,且都与实现中华民族伟大复兴有着紧密的联系。具体说来,伟大创造精神是实现中华民族伟大复兴的精神之源。伟大创造精神之所以被置于民族精神之首,是因为人类的一切文明成果,都来自创造。离开了创造,就无所谓奋斗、团结、梦想,奋斗、团结、梦想就失去了意义,成为空中楼阁。伟大奋斗精神是实现中华民族伟大复兴的精神支撑。奋斗就是创造的过程和活动,也是实现梦想的唯一途径,没有奋斗的梦想,只能是纸上谈兵的空想。伟大团结精神是实现中华民族伟大复兴的精神保障。团结是创造的条件和保障,没有团结,创造、奋斗、梦想就失去了灵魂依托。伟大梦想精神是实现中华民族伟大复兴的精神动力。梦想是创造的目标和动力,离开了梦想,创造就失去了动力、奋斗就失去了目标、团结就失去了轴心。

民族精神是中国人民的宝贵财富,民族精神的根基在人民、血脉在人民。伟大的民族精神是一代代的中华儿女共同创造出来的,也需要一代代地传承下去。

一、争做创造者,在改革创新中开拓前行

创新兴则国兴,创造强则国强。新时代是创新创造的时代,如果没有创造精神,国家发展、社会进步就如无源之水、无本之木。把党

的二十大绘就的宏伟蓝图变为现实，需要我们在改革创新中开拓前行，善于继承、精于实干、勇于担当，不断创造新时代的新辉煌。

（一）善于继承

不忘历史，才能开辟未来；善于继承，才能更好创新。马克思曾经指出："人们自己创造自己的历史，但是他们并不是随心所欲地创造，并不是在他们自己选定的条件下创造，而是在直接碰到的、既定的、从过去承继下来的条件下创造。"① 只有站在巨人的肩膀上，在延续民族文化血脉中开拓前进，才能从历史走向未来，成就一番伟业。

回顾中国共产党的百余年历史，可以清晰地看到，我们党在领导中国革命、建设和改革的各个历史进程中，始终高度重视借鉴、总结和运用历史经验，并善于从历史规律中汲取思想智慧。1938年10月14日，毛泽东同志在党的六届六中全会扩大会议上指出："今天的中国是历史的中国的一个发展；我们是马克思主义的历史主义者，我们不应当割断历史。从孔夫子到孙中山，我们应当给以总结，承继这一份珍贵的遗产。这对于指导当前的伟大的运动，是有重要的帮助的。"② 党的十八大以来，习近平总书记多次强调，历史是最好的教科书、最好的清醒剂，并指出："历史就是历史，历史不能任意选择，一个民族的历史是一个民族安身立命的基础。"③ 2021年3月22日，在福建武夷山市考察朱熹园时，习近平总书记指出："如果没有中华五千年文明，哪里有什么中国特色？如果不是中国特色，哪有我们今天这么成功的

---

① 《马克思恩格斯选集》第一卷，人民出版社1995年版，第585页。

② 《毛泽东选集》第2卷，人民出版社1991年版，第534页。

③ 习近平：《在纪念毛泽东同志诞辰120周年座谈会上的讲话》，http://www.xinhuanet.com/politics/2013-12/26/c_118723453.htm，2013年12月26日。

中国特色社会主义道路？我们要特别重视挖掘中华五千年文明中的精华，把弘扬优秀传统文化同马克思主义立场观点方法结合起来，坚定不移走中国特色社会主义道路。"[1] 这一重要讲话，深刻阐释了中华文明、中国特色与社会主义道路之间的紧密联系。

我国悠久的历史，蕴含着极为丰富的治国理政的经验智慧，不仅是总结既往的记录，也是把握当下、开辟未来的向导。在继承中创新，就要处理好传统与当代两者之间的关系，"以古人之规矩，开自己之生面"，深入挖掘中华优秀传统文化中能够回应时代需求、解决当今问题、推动实现中华民族伟大复兴中国梦的内容，既不割断历史文化传统，又不断加以拓展完善，赋予其鲜明的时代内涵、时代精神和崭新的表达形式，从而实现中华优秀传统文化的创造性转化、创新性发展。

没有继承的创新，是缺乏基础、难以持续的创新，难免出现后劲不足的危险；没有创新的继承，是缺乏活力、简单重复的继承，势必陷入"同则不继"的绝境。中华优秀传统文化不是僵化的、封闭的、一过性的物质存在，而是动态的、开放的、延续的人文精神、价值理念和道德规范系统。只有以高度的历史自觉和文化自信，将中国人民丰富的历史经验、无穷的民族智慧和崇高的精神追求融入当今时代，才能更好地推动创新实践，使中华优秀传统文化跨越时空，泽润当代，富有永久魅力。

---

[1]《习近平考察朱熹园谈文化自信：没有中华五千年文明，哪有我们今天的成功道路》，http://www.xinhuanet.com/politics/leaders/2021-03/23/c_1127243217.htm，2021 年 3 月 23 日。

（二）精于实干

"空谈误国，实干兴邦。"事业是干出来的，弘扬创造精神，不能仅仅停留在口头，而要付诸实际行动。一切价值，都来源于劳动，来源于创造。马克思主义认为："劳动是整个人类生活的第一个基本条件，而且达到这样的程度，以致我们在某种意义上不得不说：劳动创造了人本身。"[①] 只有"撸起袖子加油干"，才能破解发展中的各种矛盾，才能铸就辉煌的事业，才能实现美好的蓝图。

2020年12月31日，习近平总书记在全国政协新年茶话会上发表重要讲话，勉励全国各族人民在新的一年发扬"为民服务孺子牛、创新发展拓荒牛、艰苦奋斗老黄牛"的"三牛"精神，在全面建设社会主义现代化国家新征程上奋勇向前。我国古典文化典籍《周易》认为，"坤为牛"，意思是说，牛是大地的象征。在古人看来，大地能载物，因此，能载重物、性情柔顺的牛，被指代为"坤"。牛的美好形象，一直鼓舞着人们勤勤恳恳、扎扎实实地工作，以坚韧不拔、永不言败的干劲，努力创造美好的未来。

河南省林县（现林州市，为河南省直辖县级市，由安阳市代管）位于南太行山东麓，解放初期，全县的550个村中，常年饮水困难的村就有307个，为了能够取到生活用水而不得不走五里地的村子，则有181个。也就是说，将近三分之一的林县老百姓，每天都艰难地行进在漫长而崎岖的取水之路上。1957年，中共林县二届二次党代会作出《全党动手、全民动员、苦战五年、重新安排林县河山》的决议，誓要从根本上解决林县山区饮水困难的问题。但意想不到的是，1959

[①]《马克思恩格斯选集》第三卷，人民出版社2012年版，第988页。

年出现了半年没有下雨的大旱，由于过境林县的几条河流几乎断流，刚刚建成的水渠无水可引，饮水困难的严酷现实依然未能改变。林县人民意识到，只有从县外找到可靠的、稳定的水源，才能彻底改变严重缺水的面貌。为此，他们想出了"引漳入林"这个大胆的规划，即在太行山上修建一条引水渠，劈山导河，将山西省平顺县浊漳河的水引到林县。经过深入调研和反复磋商，这项工程于1960年2月正式启动，随后被命名为红旗渠。

在中央党史和文献研究院、国家广电总局、中共江苏省委联合出品的百集微纪录片《百炼成钢：中国共产党的100年》第三十六集《绝壁上的"人工天河"》中，我们在开篇可以看到这样一段影像：一个中年人的身上绑着绳索，在高耸的悬崖峭壁上犹如荡秋千似的飞来飞去，稍有不慎，身体就会猛烈地撞击在崖壁上，后果不堪设想。画面中的人物，名叫任羊成，是当年红旗渠除险突击队队长，这段影像记录的，正是他当年工作的场景。

红旗渠总干渠长达70.6公里，加上各条支渠，总长度为1500公里。1960年正值国家最为困难的时期，物资十分匮乏，在太行山的悬崖峭壁上凿出一条宽8米、深4.3米、长70多公里的总干渠，其困难程度是难以想象的。正是凭借老黄牛般的实干精神，在党的领导下，数万勤劳勇敢的林县人民苦战十个春秋，削平1250座山头，斩断264座山崖，凿通211个隧洞，架设152座渡槽，在巍巍太行建成了全长1500公里的"人工天河"，成为林县60多万人民的"生命渠""幸福渠"。

2022年10月28日上午，党的二十大胜利闭幕不到一个星期，习近平总书记来到红旗渠考察，指出："红旗渠就是纪念碑，记载了林县人不认命、不服输、敢于战天斗地的英雄气概。要用红旗渠精神教育人民特别是广大青少年，社会主义是拼出来、干出来、拿命换来的，不仅过去如此，新时代也是如此。"①在中国特色社会主义新时代，弘扬伟大创造精神，就要以那些认真履职、不求回报的"实心人"为榜样，以那些脚踏实地、不务虚名的"实干家"为榜样，以那些关键时刻能够站出来、冲上去的"实在人"为榜样，真抓实干，久久为功，创造无愧于新时代的新业绩。

（三）勇于担当

勇于担当，方可肩负更多责任。创新的过程，往往需要投入大量的时间和精力，而且可能得不到回报，没有足够的担当精神和坚强意志，创新创造是难以实现的。这就要求我们把个人理想同祖国前途、民族命运紧密联系起来，在国家富强、民族复兴的伟业中实现人生理想和家庭幸福。在这个问题上，大国工匠们为我们提供了最好的诠释。

"道技合一""匠工蕴道"的工匠精神，始终贯穿于中国人民以辛勤劳动创造辉煌历史的过程。早在春秋战国时期，就已出现"工匠"一词，用来代指木匠群体，东汉时期逐步延伸为全体手工业者。工匠往往穷其一生，仅从事一个特定的工艺门类，最终达到"审曲面势，以饬五材，以辨民器"的高超技艺水平。②鲁班、蔡伦、毕昇、沈括等史书记载的世界级工匠大师，以及庖丁解牛、老汉粘蝉等虚构故事，都体现了中国人民崇尚工匠精神的文化传统。

---

① 《时政微纪录｜定叫山河换新装——习近平总书记考察红旗渠纪实》，http://www.xinhuanet.com/politics/2022-10/30/c_1129088612.htm，2022 年 10 月 30 日。

② 参见林伯海、马宁《习近平关于工匠精神重要论述的生成、意蕴及实践路径》，《思想教育研究》，2021 年第 12 期。

据统计，我国各行各业中，目前有超过1.7亿的技能人才，他们有一个共同的响亮名字——大国工匠。他们用担当成就梦想，以"择一事终一生"的执着专注、"偏毫厘不敢安"的一丝不苟和"千万锤成一器"的顽强坚守，创造了一个个"神话"，依靠勤劳的双手推动中国从制造大国迈向制造强国。凭借丰富的实践经验和强烈的创新意识，大国工匠们完成了一系列技术攻坚和工艺革新，成为中国制造的重要支撑力量和"创新中国"的重要生力军。2020年11月24日，习近平总书记在全国劳动模范和先进工作者表彰大会上，高度概括了工匠精神的深刻内涵，即"执着专注、精益求精、一丝不苟、追求卓越"，并强调劳模精神、劳动精神、工匠精神是以爱国主义为核心的民族精神和以改革创新为核心的时代精神的生动体现，是鼓舞全党全国各族人民风雨无阻、勇敢前进的强大精神动力。①

历史的长河川流不息，中国人民的伟大创造精神始终不变。在中国特色社会主义新时代，勤劳智慧的中国人民正在迸发出前所未有的创新创造精神，为实现中华民族伟大复兴提供了强大的力量源泉。

二、争做奋斗者，在攻坚克难中勇毅前行

新时代是奋斗者的时代。宏伟蓝图不会自行实现，而要依靠辛勤的汗水。尽管中国人民已经实现了从站起来、富起来到强起来的伟大飞跃，但我国仍处于并将长期处于社会主义初级阶段的基本国情并未改变，我国作为世界上最大发展中国家的国际地位也未改变，还需要

---

① 参见习近平《在全国劳动模范和先进工作者表彰大会上的讲话》，http://www.gov.cn/xinwen/2020-11/24/content_5563928.htm，2020年11月24日。

我们一往无前地团结奋斗、攻坚克难。只有继续顽强拼搏，才能攻克重重难关，创造人间幸福，实现中华民族伟大复兴。

（一）树立奋斗志向

人须立志，志立则功就。天下古今之人，未有无志而建功者。我国清代学者金缨编著的《格言联璧·学问》中指出："志之所趋，无远勿届，穷山距海，不能限也。志之所向，无坚不入，锐兵精甲，不能御也。"意思是说，只要是志向所趋，就没有不能达到的地方，即便是山海尽头也不能限制；只要是意志所向，就没有不能攻破的壁垒，即便是精兵坚甲也不能抵挡。这句话以十分精妙的笔法，强调了志向的重要性。

《说文解字》中说："志，意也。""志"字的本义，乃是内心追求的目标。《黄帝内经》认为，"心有所忆谓之意，意之所存谓之志"。意思是说，心里有所想的东西，这种状态就称之为意识；意识长久地存在于人的内心，就可以称之为意志。可见，"志"为"意之所存"，是内心始终存有的意念，无论在何种情况下，这种意念始终不变，坚如磐石。简单地说，"志"就是目标、理想和信念，是心中笃定的前行方向。当一个人有了坚定的理想信念，才会有果敢的决心和无畏的勇气，才会激发内心的顽强斗志，并迸发出无穷的力量，让自己变得"无远勿届""无坚不入"。

2022年4月25日，习近平总书记在中国人民大学考察调研时指出："立足新时代新征程，中国青年的奋斗目标和前行方向归结到一点，就是坚定不移听党话、跟党走，努力成长为堪当民族复兴重任的时代新人。希望广大青年用脚步丈量祖国大地，用眼睛发现中国精神，用耳朵倾听人民呼声，用内心感应时代脉搏，把对祖国血浓于水、与人民同呼吸共命运的情感贯穿学业全过程、融汇在事业追求中。"[①] 实现中华民族伟大复兴,不是一蹴而就的,需要持之以恒的接续奋斗,需要怀抱高远的奋斗志向。为了有价值、有意义的目标而付出艰辛努力的过程,方可称之为"奋斗";而那些见异思迁、半途而废者,尽管也有过付出,但终究难以配称"奋斗"二字。新时代是属于奋斗者的时代,广大青年要牢记党的教诲,立志民族复兴,不负韶华、不负时代、不负人民,以坚如磐石的理想信念、慎终如始的顽强坚守,在青春的赛道上奋力奔跑,争取跑出当代青年的最好成绩,书写属于自己,也属于新时代的奋斗故事。

(二)提升奋斗本领

不断提升奋斗本领,奋斗才能永不止步。真正的奋斗,总是充满艰辛。作为新时代的奋斗者,要敢于走出"舒适区",勇敢面对前进路上的"娄山关""腊子口",在愿干会干中增强奋斗意识,在实干巧干中提升奋斗技能,自觉练就高强的本领。须知,奋斗是人生的关键"变量",也是实现人生"逆袭"的终南捷径。实际工作和生活中,很多人都想留下人生的杰作,殊不知,在坎坷的人生道路上留下滚烫的汗水和深深的足迹,本身就是一部杰作。因此,也可以说,奋斗固然是艰辛的、曲折的,但同时也是幸福的、快乐的。奋斗者最富有,最充实,也最光荣。前段时间,抖音上流传着一位陕西渭南大爷的金句:如果生活一帆风顺,那活着还有什么意义!这句看似随口而出的话,其实从另一个侧面道出了奋斗的真谛。

[①]《习近平在中国人民大学考察时强调:坚持党的领导传承红色基因扎根中国大地 走出一条建设中国特色世界一流大学新路》,https://www.gov.cn/xinwen/2022-04/25/content_5687105.htm,2022年4月25日。

新时代的奋斗者，尤其是年轻的党员干部，需要掌握很多方面的本领，但最根本的是深厚的理论素养。2022年3月1日，习近平总书记在2022年春季学期中央党校（国家行政学院）中青年干部培训班开班式上发表重要讲话时强调："最根本的本领是理论素养。马克思主义立场、观点、方法是做好工作的看家本领，是指导我们认识世界、改造世界的强大思想武器。党员干部一定要加强理论学习、厚实理论功底，自觉用新时代党的创新理论观察新形势、研究新情况、解决新问题，使各项工作朝着正确方向、按照客观规律推进。要坚持理论和实践相结合，注重在实践中学真知、悟真谛、加强磨练、增长本领。关键是要虚心用心，甘当'小学生'，不懂就问、不耻下问，切忌主观臆断、不懂装懂。"[1] 恩格斯曾经指出，一个民族要想站在科学的最高峰，就一刻也不能停止理论思维。实际工作中，如果缺乏理论素养，难免会陷入方向不明、思路不清、方法不妥的泥潭，也许看似忙忙碌碌，实际上收效甚微。全面建设社会主义现代化国家新征程上，我们需要面对各种挑战，既有发展中的问题，也有发展起来之后出现的新问题，既有国内发展改革中需要解决的深层次问题，也有世界百年未有之大变局中出现的各种风险、阻力。只有夯实理论功底，自觉"用马克思主义的立场、观点、方法观察时代、把握时代、引领时代"[2]，才能以坚强的政治定力，战胜前进过程中的各种艰难险阻。

---

[1]《习近平在中央党校（国家行政学院）中青年干部培训班开班式上发表重要讲话》，http://www.gov.cn/xinwen/2022-03/01/content_5676282.htm，2022年3月1日。

[2]《中共中央关于党的百年奋斗重大成就和历史经验的决议》，《人民日报》，2021年11月17日第1版。

（三）保持奋斗姿态

齐白石是我国现代杰出的艺术大师，他严格要求自己每天作一幅画，并努力坚持着这个习惯。晚年时，有一天齐白石未能按时完成画作，次日便及时补上，并写道："昨日大风雨，心绪不宁，不曾作画，今朝制此补充之，不教一日闲过也。"齐白石坚持每日创作，笃行不怠，终成一代大师。北宋名臣范仲淹认为，既然享受朝廷俸禄，由民供养，每天都应该勤勤恳恳地为国分忧，为民办事。据《邵氏闻见后录》记载，范仲淹每晚睡觉之前，都有"自计"的习惯，"吾遇夜就寝，即自计一日食饮奉养之费及所为之事，果自奉之费与所为之事相称，则鼾鼻熟寐。或不然，则终夕不能安眠"。[1]范仲淹每天进行自我总结，自行比较所得俸禄是否与当天所做的事情相称。如果两者相称，则心安理得，"鼾鼻熟寐"，睡得十分踏实；如果不相称，则整夜不能寐，"明日必求所以称之者"，第二天一定会努力工作，设法弥补前一天的亏欠。正是"自计"这种高度的自律性和强烈的责任感，成就了范仲淹"先天下之忧而忧，后天下之乐而乐"的伟大情怀。

新时代的主题词，是奋斗、圆梦；党员干部的应有姿态，是成为新时代的奋斗者、追梦人。2018年1月5日，习近平总书记在新进中央委员会的委员、候补委员和省部级主要领导干部学习贯彻党的十九大精神研讨班开班式上指出："时代是出卷人，我们是答卷人，人民是阅卷人。"时代在为中国共产党人不停地"出卷"，而且不断地更新着"试卷的内容"，每位党员干部只有勤奋学习、刻苦复习，才能在这场考试中取得"高分"。在唯奋斗者强、唯奋斗者进的新时代，奋

---

[1] 余英时：《中国宗教伦理与商人精神》，安徽教育出版社2001年版，第157页。

斗正当时，党员干部应摈弃"躺平"心态，以"不教一日闲过"和每日"自计"的高度自觉，保持进击姿态，积聚奋斗能量，惜时如金，奋斗不止，努力成为有志、有心、有为的奋斗者，交出一份合格的新时代答卷。

三、争做团结者，在凝心聚力中携手前行

中国共产党领导的全国各族人民大团结，是实现中华民族伟大复兴的不竭动力。2019年9月30日，习近平总书记在庆祝中华人民共和国成立70周年招待会上指出："在新的征程上，我们要高举团结的旗帜，紧密团结在党中央周围，巩固全国各族人民的大团结，加强海内外中华儿女的大团结，增强各党派、各团体、各民族、各阶层以及各方面的大团结，保持党同人民群众的血肉联系，大力弘扬爱国主义精神，凝聚成一往无前的力量，推动中华民族伟大复兴的航船乘风破浪、扬帆远航。"[1] 在新时代，我们要实现第二个百年奋斗目标，实现中华民族伟大复兴中国梦，必须大力弘扬伟大团结精神，凝聚起勇往直前、无坚不摧的强大力量。

（一）巩固各民族的大团结

几千年来，在辽阔的中华大地上，中华民族由多元到一体、由松散到紧密，最终形成了"你中有我、我中有你、谁也离不开谁"的多元一体格局。在几千年的历史长河中，中华民族以强大的凝聚力和向心力，经受住了一次次严峻考验，培育了历久弥坚的伟大团结精神。

---

[1] 习近平：《在庆祝中华人民共和国成立70周年招待会上的讲话》，http：//www.xinhuanet.com/politics/2019 — 09/30/c_1125061785.htm，2019年9月30日。

党的十八大以来,以习近平同志为核心的党中央高度重视民族工作,促进各民族"像爱护自己的眼睛一样爱护民族团结,像珍视自己的生命一样珍视民族团结,像石榴籽那样紧紧抱在一起"①,各族群众广泛交往、全面交流、深度交融,交往交流交融的广度深度得到不断拓展,进一步巩固了各民族共同团结奋斗、共同繁荣发展的生动局面。在党中央的坚强领导下,东西部协作帮扶的"闽宁模式"、珠海与怒江对口帮扶的"江海情深"、对口援疆援藏中结成的无数"亲戚"等等,成为"中华民族一家亲、同心共筑中国梦"的生动写照和新时代民族团结进步事业的最好脚注。

习近平总书记在庆祝中国共产党成立100周年大会上的重要讲话中指出:"一百年来,党和人民取得的一切成就都是团结奋斗的结果,团结奋斗是中国共产党和中国人民最显著的精神标识。百年奋斗历史告诉我们,团结就是力量,奋斗开创未来;能团结奋斗的民族才有前途,能团结奋斗的政党才能立于不败之地。"②文化认同是民族团结之根,是最深层次的认同。海纳百川、兼收并蓄、中和包容、和而不同的文化传统,是中华民族历经波折而不散、历尽艰辛而弥坚的历史文化密码。回望历史,中华民族之所以在最羸弱、最低谷的时期,也没有土崩瓦解,就在于高度的国家认同和根深蒂固的"大一统"政治文化传统,就在于中国人民牢固的团结理念。第二个百年奋斗目标的新征程上,在铸牢中华民族共同体意识的主线指引下,各族人民对伟大

---

① 习近平:《在参加十二届全国人大五次会议新疆代表团审议时的讲话》,《人民日报》,2017年3月11日第2版。

② 习近平:《在庆祝中国共产党成立100周年大会上的讲话》,《求是》,2021年第14期。

祖国、中华民族、中华文化、中国共产党、中国特色社会主义的认同必将不断增强，中华民族必将成为认同度更高、凝聚力更强的命运共同体。

（二）增强全国人民的大团结

"能用众力，则无敌于天下；能用众智，则无畏于圣人。"习近平总书记多次强调，人心向背、力量对比是决定党和人民事业成败的关键，是最大的政治。坚持大团结大联合，解决的正是人心和力量问题。当前，世界正处于百年未有之大变局的加速演进期和新的动荡变革期，不稳定性、不确定性明显增加，加之国内改革发展稳定的任务艰巨繁重，实现中华民族伟大复兴正处于非常关键的时期。越是复杂的形势，越是艰巨的任务，就越需要团结各方面的力量，凝聚全国人民的智慧。

民主党派、无党派人士、民族宗教界人士、新的社会阶层人士等统一战线成员，具有人才荟萃、智力密集、联系广泛等方面的显著优势，是一个巨大的智库，只有团结一切可以团结的力量，画好最大同心圆，才能巩固和发展最广泛的爱国统一战线，为实现中华民族伟大复兴凝聚最大的智慧、汇聚最大的力量。

1949年9月30日，新政协会议通过了毛泽东同志起草的《中国人民政治协商会议第一届全体会议宣言（草案）》，这一见证中华人民共和国成立的重要历史文献，最后提出的"中国人民大团结万岁""中华人民共和国万岁""中央人民政府万岁"三大口号，既追念了无数革命先烈们的丰功伟绩，也表达了对建设新中国的坚定信心。"中国人民大团结万岁"这一句激动人心的口号，穿越70多年的光辉岁月，成为激荡在全体全国人民心中的优美旋律。在实现第二个百年奋斗目标的新征程上，全国人民将更加紧密地团结在以习近平同志为核心的党中央周围，踔厉奋发、勇毅前行，在团结奋斗中凝聚起实现中华民族伟大复兴的磅礴力量。

（三）发展全体中华儿女的大团结

实现中华民族伟大复兴的中国梦，是每个中华儿女的共同夙愿，也是凝聚全体中华儿女的最大公约数。2014年6月6日，习近平总书记在会见第七届世界华侨华人社团联谊大会代表时指出："团结统一的中华民族是海内外中华儿女共同的根，博大精深的中华文化是海内外中华儿女共同的魂，实现中华民族伟大复兴是海内外中华儿女共同的梦。共同的根让我们情深意长，共同的魂让我们心心相印，共同的梦让我们同心同德，我们一定能够共同书写中华民族发展的时代新篇章。"[1]中华儿女大团结是我国发展的巨大优势，也是实现民族复兴的强大力量。在我国革命、建设和改革的各个历史时期，广大归侨侨眷和海外侨胞情系桑梓、矢志报国，作出了不可磨灭的贡献。

著名的美洲华侨领袖司徒美堂，为了支持国内抗战，与旅美进步人士共同发动美国东部地区侨社成立"纽约华侨抗日救国筹饷总会"，积极发动华侨捐款，支援祖国抗战。其中，由司徒美堂领导的安良堂捐款最多，司徒美堂本人则捐出了自己将近一半的家产。他的一生，为无数华人赢得了应有的尊严，更为祖国的命运呕心沥血。为此，中国侨联主席廖承志在悼词中评价道："他一生所走的道路，反映着国外爱国侨胞，从鸦片战争以来所走的道路。"[2]抗战期间，仅"额捐"（每人每月捐15美元）总额就达1400万美元，有力支援了祖国的抗日战

---

[1]《习近平会见第七届世界华侨华人社团联谊大会代表》，http://www.gov.cn/xinwen/2014-06/06/content_2695778.htm，2014年6月6日。

[2] 参见《华人司徒美堂 传奇人生》，抗日战争纪念网，https://www.krzzjn.com/1104/95675.html，2019年5月16日。

争。据统计，仅纽约一地，广大华侨平均每人就捐了近1000美元。

此外，"华侨旗帜"陈嘉庚、李俊承、蚁光炎、邝炳舜、李清泉、王兆松、陈寄虚、庄西言、陈六使等侨领，也是支援祖国抗战的重要力量。中华人民共和国成立后，衷心报国的原子能专家王洲、心系中国贫困儿童的汪漱芬、实业报国的急先锋黄长水、东南亚"烟草大王"陈永栽等一大批爱国侨领，胸怀赤子之心，心系家国故土，为支持祖国和家乡建设发挥了重要作用。

在全面建设社会主义现代化国家新征程上，只要全体中华儿女心往一处想、劲往一处使，必将汇聚起新时代中国昂扬奋进的汹涌洪流，有力推动实现中华民族伟大复兴的中国梦。

四、争做追梦者，在不忘初心中逐梦前行

中国特色社会主义新时代是创造辉煌事业的时代，也是成就伟大梦想的时代。在党的二十大报告结尾部分，习近平总书记对广大青年提出了殷切希望："当代中国青年生逢其时，施展才干的舞台无比广阔，实现梦想的前景无比光明。……广大青年要坚定不移听党话、跟党走，怀抱梦想又脚踏实地，敢想敢为又善作善成，立志做有理想、敢担当、能吃苦、肯奋斗的新时代好青年，让青春在全面建设社会主义现代化国家的火热实践中绽放绚丽之花。"[1] 新时代的中国青年生逢盛世，前景光明，未来广阔，每个青年都应不负盛世、不负嘱托、不负韶华，牢记奋斗初心，勇敢追逐梦想，努力成为堪当民族复兴重任

---

[1] 习近平：《高举中国特色社会主义伟大旗帜 为全面建设社会主义现代化国家而团结奋斗》，《求是》，2022年第21期。

的时代新人。

（一）始终把人民放在最高位置

人民是历史的创造者，是真正的英雄。1949年7月，《人民日报》《新华日报》《解放日报》等刊登启事，新政协筹备会向全国人民公开征集国旗、国徽和国歌词谱，这在中国历史上是史无前例的。其中，《国旗征集条例》提出四点要求：要体现中国历史、地理、民族、文化等方面的特征；要体现以工人阶级为领导，以工农联盟为基础的人民民主专政这个政权特征；要庄严简洁，国旗为长宽比例3∶2的长方形；要以红色为主。

曾联松是上海的一位普通财务员工，他设计出"五星红旗"的国旗图案：四颗小星环绕一颗大星，大星代表中国共产党，四颗小星分别代表当时工人阶级、农民阶级、民族资产阶级和城市小资产阶级等各个阶层的人民。在田汉、郭沫若等人的建议下，曾联松的国旗设计图案从2900多幅作品中脱颖而出。1949年10月1日，毛泽东同志在天安门城楼转动电钮，第一次升起了这面由人民亲手设计、充满人民元素的五星红旗。

江山就是人民，人民就是江山。2018年3月20日，习近平总书记在第十三届全国人民代表大会第一次会议上发表重要讲话，对国家机关工作人员提出"一个牢记""三个始终"的明确要求："一切国家机关工作人员，无论身居多高的职位，都必须牢记我们的共和国是中华人民共和国，始终要把人民放在心中最高的位置，始终全心全意为人民服务，始终为人民利益和幸福而努力工作。"① 人民政府、人民教

---

① 习近平：《在第十三届全国人民代表大会第一次会议上的讲话》，http：//www.xinhuanet.com/politics/2018—03/20/c_1122566452.htm，2018年3月20日。

师、人民医院、人民邮电、人民铁路、人民警察、人民检察院、人民法官、人民解放军、人民武警、人民代表、人民日报、人民币……我国政府机构以及很多社会组织,甚至货币的名字,都深深打上了"人民"的烙印。党的根基在人民,党的力量在人民,人民是我们党执政兴国的强大底气,我们的工作是全心全意为人民服务,无论我们走多远,无论在什么时候,都要始终把人民放在最高位置。

"世界上最大的幸福,莫过于为人民幸福而奋斗。"① 党的十八大以来,以习近平同志为核心的党中央把"以人民为中心"作为发展的指导思想,把"人民对美好生活的向往"作为奋斗目标,体现了中国共产党人始终如一的人民情怀。习近平总书记以"我将无我、不负人民""得罪千百人、不负十四亿"的赤子之心和使命担当,真切表达了中国共产党人的初心使命,彰显了许党许国的奉献精神和无私无畏的崇高境界。

(二)充分发挥共产党员的先锋模范作用

"人不率则不从,身不先则不信。"先锋模范最有号召力、引领力。截至 2020 年 2 月 9 日,因抗击新冠病毒感染疫情而牺牲的公职人员 54 人,其中党员 36 名,占比 66.7%,与党员总数占 14 亿人口不足 7% 形成鲜明对比。② 在抗击新冠病毒感染疫情斗争中,全国 3900 多万名党员、干部奋战在抗疫一线,近 400 名党员、干部献出宝贵生命。为了打赢脱贫攻坚战,300 多万名第一书记和驻村干部,同近 200 万名

---

① 《习近平在二〇二二年春节团拜会上的讲话》,https://www.chinanews.com/gn/2022/01-30/9666029.shtml,2022 年 1 月 30 日。

② 参见《共产党员手机报》,https://www.12371.cn/2020/02/11/ARTI1581399324492263.shtml？from = singlemessage,2020 年 2 月 11 日。

乡镇干部和数百万村干部一道，奋战在扶贫一线，1800多名同志将生命定格在了脱贫攻坚的征程上。① 有人这样形容共产党员的先锋模范作用：当天空渐暗，星星就会发亮。实际上，星星始终都在发亮，只是白天人们看不见罢了；只有在那些严峻考验的"渐暗时刻"，人们才会发现那颗原本一直闪亮着的星星。

习近平总书记深刻指出，"共产党人拥有人格力量，才能赢得民心"。回望中国共产党百余年波澜壮阔的奋斗历程，我们就会发现，党的社会号召力和政治引领力，既来自真理的力量，也来自广大共产党员的先锋模范作用。正是在无数共产党员优秀人格魅力的感召下，广大人民群众认识了我们党，认同了我们党，信赖我们党，并坚定不移地跟党走。

新时代是伟大的时代，我们开创着前无古人的伟大事业，广大党员干部只有忠诚于党、干净为政、担当干事，不断增强党的政治领导力、思想引领力、群众组织力和社会号召力，才能不断夯实党执政的阶级基础和群众基础。在全面建设社会主义现代化国家新征程上，展望第二个百年奋斗目标，我们坚信：在以习近平同志为核心的党中央坚强领导下，任何惊涛骇浪都不能阻挡中华巨轮乘风破浪，勇毅前行，我们必将实现中华民族伟大复兴的中国梦。

---

① 参见《金羊网评：致敬英烈赓续红色基因 砥砺前行开创新的伟业》，http://sp.ycwb.com/2021-09/30/content_40302561.htm，2021年9月30日。

主要参考书目

1. 程勤主编:《伟大民族精神学习讲座》,红旗出版社,2018年。
2. 池万兴:《〈史记〉与民族精神》,齐鲁书社,2009年。
3. 邓云特:《中国救荒史》,商务印书馆,1993年。
4. 冯天瑜:《中华元典精神》,上海人民出版社,1994年。
5. 郜世奇:《抗战时期中华民族精神研究》,吉林人民出版社,2006年。
6. 贾东海主编:《民族精神研究专论》,甘肃民族出版社,2005年。
7. 李捷:《奋斗与梦想:近代以来中国人的百年追梦历程》,中国社会科学出版社,2021年。
8. 李长庚:《灾难与中华民族精神发展》,人民出版社,2019年。
9. 刘锡诚:《中国神话与民族精神》,商务印书馆,2021年。
10. 罗家伦:《历史的先见:罗家伦文化随笔》,学林出版社,1997年。
11. 欧阳康主编:《民族精神:精神家园的内核》,黑龙江教育出版社,2010年。
12. 钱穆:《中国文化史导论》,生活·读书·新知三联书店上海分店,1988年。
13. 全国政协民族和宗教委员会编:《铸牢中华民族共同体意识学习与

思考》,民族出版社,2021年。

14. 宋志明、吴潜涛主编:《中华民族精神论纲》,中国人民大学出版社,2006年。

15. 孙伟平主编:《家园:中华民族精神读本》,广西人民出版社,2015年。

16. 唐明燕:《先秦儒学视域下的中华民族精神研究》,人民出版社,2010年。

17. 韦政通:《中国文化概论》,吉林出版集团有限责任公司,2008年。

18. 温静:《民族精神教育研究(2002—2012年)》,北京师范大学出版社,2013年。

19. 伍雄武:《中华民族的形成与凝聚新论》,云南人民出版社,2000年。

20. 徐旭生:《中国古史的传说时代》,文物出版社,1985年。

21. 杨叔子等:《弘扬与培育民族精神研究》,经济科学出版社,2009年。

22. 于海:《西方社会思想史(第二版)》,复旦大学出版社,2005年。

23. 宇文利:《中华民族精神现当代发展新论》,北京大学出版社,2007年。

24. 袁珂:《中国神话史》,上海文艺出版社,1988年。

25. 郑师渠、史革新主编:《历史视野下的中华民族精神》,广东人民出版社,2014年。

26. 中共中央马克思恩格斯列宁斯大林著作编译局编译:《马克思恩格斯选集(第一卷)》,人民出版社,1995年。

27. 中共中央马克思恩格斯列宁斯大林著作编译局编译:《马克思恩格斯选集(第三卷)》,人民出版社,2012年。

28. 中华人民共和国国务院新闻办公室:《中国的民族政策与各民族共

同繁荣发展》，人民出版社，2009年。

29. 周建标：《中华民族精神演化》，厦门大学出版社，2011年。

30. 朱志敏主编：《大学生中国革命精神认同力研究》，北京师范大学出版社，2013年。

31. [德]黑格尔：《历史哲学》，王造时译，上海书店出版社，1999年。

32. [德]卡尔·雅斯贝斯：《历史的起源与目标》，魏楚雄、俞新天译，华夏出版社，1989年。

33. [法]孟德斯鸠：《论法的精神（上册）》，张雁深译，商务印书馆，1961年。

34. [英]爱德华·泰勒：《原始文化》，连树声译，上海文艺出版社，1992年。

35. [英]安东尼·D.史密斯：《全球化时代的民族和民族主义》，龚维斌、良警宇译，中央编译出版社，2002年。

36. [英]约·罗伯茨，蒋重跃：《十九世纪西方人眼中的中国》，刘林海译，中华书局，2006年。

后 记

习近平总书记强调,"人民有信仰,民族有希望,国家有力量。实现中华民族伟大复兴的中国梦,物质财富要极大丰富,精神财富也要极大丰富"。民族精神正是这一精神财富的核心内容,也是人民信仰、民族希望、国家力量的关键所在。在民族精神的激励下,全体中华儿女必将以更加坚实的思想基础、更加强烈的民族认同、更加高涨的工作热情,朝着中华民族伟大复兴的目标继续勇毅前行。

经过近几年的思考和写作,《民族精神与中华民族伟大复兴》一书得以付梓。此书旨在帮助青年干部深刻认识民族精神的内涵精髓,明确新时代弘扬民族精神的时代意义,进一步增强青年干部为实现中华民族伟大复兴而团结奋进、砥砺前行的强大精神动力和意志信念。在此,衷心感谢广州市社会主义学院马卫平书记、李名扬院长以及林欣森、梁佩珍、汤国平、赵涌波等院领导的关心支持,感谢刘强、崔珏、徐映奇、周之翔等教授的悉心指导,感谢广西师范大学出版社副总编辑赵运仕、社科分社社长刘隆进、责任编辑梁嗣辰和广州市社会主义学院科研管理处宋仕权处长的辛勤付出。本书在撰写过程中，参考借鉴了众多专家学者的研究成果，在此一并表示感谢。

由于笔者水平有限，本书难免存在疏漏不足之处，敬请读者朋友批评指正。